UR

MEMORIAS E IDENTIDADES: LOS SEFARDÍES EN COLOMBIA

CENTRO DE ESTUDIOS POLÍTICOS E INTERNACIONALES –CEPI–

MEMORIAS E IDENTIDADES: LOS SEFARDÍES EN COLOMBIA

MARGARITA CADAVID
MARÍA DEL ROSARIO GARCÍA

Textos de Ciencia Política y Gobierno y de Relaciones Internacionales

Primera edición: Bogotá D.C., diciembre de 2011
Coordinación editorial: Editorial Universidad del Rosario
Corrección de estilo: Rodrigo Díaz Lozada
Diseño de cubierta: Kilka
Diagramación: Margoth C. de Olivos

Editorial Universidad del Rosario
Carrera 7 Nº 12B-41, oficina 501 • Teléfono 297 02 00
http://editorial.urosario.edu.co

Fecha de evaluación: 23 de febrero de 2011 Fecha de aprobación: 22 de junio de 2011

Cadavid, Margarita
Memorias e identidades: los sefardíes en Colombia / Margarita Cadavid y María del Rosario García.—Bogotá: Editorial Universidad del Rosario, 2011.
112 p.

JUDIOS EN ESPAÑA – HISTORIA / JUDIOS – HISTORIA – COLOMBIA / HISPANIDAD – COLOMBIA / COLOMBIA – CIVILIZACIÓN – HISTORIA / SEFARDITAS – HISTORIA – COLOMBIA / CULTURA – HISTORIA – COLOMBIA / I. Universidad del Rosario, Facultades de Ciencia Política y Gobierno y de Relaciones Internacionales / II. García, María del Rosario / III. Título / VI. Serie

303.482 SCDD 20

Contenido

Segunda parte

Identidades y memorias de Sefarad

Agradecimientos

Agradecemos especialmente a Eduardo Barajas Sandoval, decano de las facultades de Ciencia Política y Gobierno y de Relaciones Internacionales por su constante apoyo. De igual manera, agradecemos a los miembros de la comunidad judía sefardí en Bogotá, en particular a Jean-Claude Bessudo, Jacques Camhi, Clara Bella Ventura, Lili Corkidi de Ventura, Jaime Farji, Vivian Calderón, Marco Milhem, Lucy Breszer y a la señora Hilda Demner del Centro Cultural Israelí, sin cuya ayuda desinteresada y amable no se habría podido realizar esta investigación.

Para Miguel

Para mi abuelo Raúl y
mis padres Adriana y Nicolás

Introducción*

Este libro hace parte del proyecto "Hispanidades: estudio de las tradiciones e identidades políticas hispánicas", cuyo objetivo central es estudiar la forma como se ha construido la cultura hispánica y las características generales que constituyen la hispanidad en términos de prácticas y representaciones, a partir del examen de elementos o rasgos sobresalientes que han ayudado a definirla, provenientes de las tradiciones moras, judías y cristianas. Estos elementos, debidamente integrados, nos permiten hablar de múltiples formas de la hispanidad. Cuando se pretende entender el significado de la 'hispanidad' es necesario buscar lo 'hispano' en sus múltiples y muy variadas manifestaciones, una de las cuales es la relacionada con la hispanidad de los judíos, que tuvo y sigue teniendo muy diversas formas de expresión en las comunidades sefardíes. En consecuencia, este libro busca mostrar, a través de las memorias de algunos sefardíes en Colombia, cómo algunas formas de la hispanidad se encarnaron en un tipo particular de prácticas y representaciones que fueron variando con el tiempo y se fueron adaptando a diversos escenarios geográficos.

La categoría 'judíos españoles' implica una generalización que deja de lado matices e incluso profundas divisiones al interior del judaísmo hispánico. Un ejemplo de ello son las disputas entre racionalistas y pietistas a lo largo de varios siglos. Según García Cárcel, en el prefacio al libro *Judíos y moriscos*, "el propio judaísmo nunca fue un concepto unívoco. Hubo diferencias notables en función de los niveles de identidad: Los conversos de la cuenca del Duero fueron cristianos más sinceros que los andaluces, por ejemplo".[1] Había asimilados,

---

* Este libro es producto de la investigación sobre los judíos españoles dentro del proyecto "Múltiples formas de la hispanidad" de la línea "Historia, cultura y filosofía políticas "del grupo de investigación del Centro de Estudios Políticos e Internacionales (CEPI) de las facultades de Ciencia Política y Gobierno y de Relaciones Internacionales de la Universidad del Rosario.

1 Contreras, J., Pulido, I. y Benítez, R. *Judíos y moriscos*. Debolsillo, Random House Mondadori, Barcelona, 2005, p. 27.

indefinidos con enorme confusión doctrinal y mixtificación de creencias, ortodoxos, racionalistas y cabalistas místicos, entre otros.

El término 'sefardí' es también problemático. Antes de 1492 designaba a los judíos nacidos en España.[2] El filósofo Maimónides (1135-1204), por ejemplo, se llamaba a sí mismo *Moses el sefardí*, significando que había nacido en la península Ibérica. Después de la expulsión de los judíos de España en 1492, el término se utilizó para designar a los judíos cuyas familias vivieron en España y que conservaban, por tanto, una fuerte influencia hispánica. Por extensión, algunos utilizan el término 'sefardí' para designar a cualquier judío no ashkenazi, lo que no es aceptado por los judíos sefardíes más puristas:

> I agora, este rekodro esta amenazado por algunas organizasiones i personas ke pretenden ke ser sefaradi es solo sinonimo de unos kuantos rituales djudios i de una manera partikulara de pronunsiar el ebreo, i nada mas. Para estas personas, muestra lengua, muestra erensia, muestras tradisiones, muestra kultura, muestra istoria, muestra manera de vida ke mantuvimos kon fidelidad durante los ultimos 500 anyos, no pezan del todo. Pretenden ke la lengua es nada i la relijion es todo. Yaman ansina komo sefaradis a muestros ermanos djudios 'Mizrahim' ke vienen de Bokhara o de Marrakesh, de Damasko o de Teheran, de Basra o de Harrar, de Bombay o de San'a...Es la ultima inyoransia de kontinuar a insistir ke la nasion djudia tiene solo dos diviziones kulturalas importantes, los 'sefaradis' i los 'ashkenazis'...Las organizasiones i personas ke persisten en sus alhasaras simplistikas impiden el derecho de los sefaradis de identifikarsen no solo a traves sus relijion, sino ke tambien a traves su erensia kulturala i espesialmente sus historia.[3]

En los últimos años han comenzado a proliferar una serie de investigaciones sobre el carácter 'hispánico' del sefardismo. Aunque el tema pareciera ser más que obvio dado que el término 'sefardí', precisamente, significa 'español', el sefardismo se ha constituido en una fuente invaluable para conocer diversos aspectos del hispanismo del siglo XV y sus transformaciones. En efecto, la cultura sefardí,

---

[2] Sefarad es el nombre hebreo de España.

[3] De Vidas, Albert. El sefardizmo. Consultado en: http://www.orbilat.com/Languages/Spanish-Ladino/Society_and_Culture/El_Sefardizmo.html, p. 1.

repertorio de prácticas hispánicas de la vida cotidiana del siglo xv, constituye una marca identitaria que, aunque cambiante, diferencia a los sefardíes de otras comunidades judías. También se puede hablar de un movimiento sefardí que busca preservar su identidad a través del rescate de la lengua, el *judeoespanyol*, y de diversas manifestaciones culturales particularmente sefardíes.

En este libro se pretende dar cuenta de algunas de las transformaciones y reconfiguraciones de las representaciones sobre lo sefardí, tanto a lo largo de la historia como a través de los diversos escenarios geográficos en los que las comunidades sefardíes se han establecido, haciendo énfasis en los países con un fuerte componente de hispanidad, en particular en Colombia, donde prácticas de carácter identitario que son entendidas como fundamentales en otros contextos, como el hablar ladino o judeo-español, pierden importancia para dar paso a otras narraciones sobre la identidad.

La génesis de la construcción identitaria española está asociada a la construcción de la misma España por los Reyes Católicos. La identidad hispánica se comienza a construir a partir de la unidad lingüística y religiosa impuesta por Fernando II de Aragón e Isabel I de Castilla, lo que implicó la constitución de un eje identitario de lo hispánico basado en la lengua castellana y la religión católica. Sin embargo, por la misma época (siglos xv y xvi) surgieron otras representaciones de lo hispánico, como la sefardí, donde la religión Católica no constituyó un elemento central. La construcción de la identidad sefardí se configuró, por un lado, a partir de una narración histórica que giraba alrededor de una legendaria migración judía previsigótica a la península Ibérica, y por otro, a partir de la unidad lingüística (el judeo-español) y de ciertas prácticas que incluyen tradiciones literarias y culinarias. Esta crítica a la comprensión tradicional de la hispanidad, y a cualquier tipo de concepción esencialista de la identidad, es lo que servirá de punto de partida para comenzar el análisis de las memorias de los sefardíes en Colombia.

El término 'sefardí' pasó de ser un gentilicio a nombrar una condición identitaria donde la lengua judeo-española ha jugado un papel protagónico en contextos no hispánicos, como se concluyó a partir de los testimonios recogidos durante la investigación. En los contextos de habla hispana, como en Colombia, se ha producido una reconfiguración de la identidad sefardí donde la lengua deja de ser un aspecto central, a pesar de que continúa presente en la memoria de la comunidad, para dar paso a otro tipo de prácticas diferenciadoras. Esta condición cambiante de lo sefardí permite, a su vez, la crítica a las concepciones de lo hispánico asociado exclusivamente al catolicismo y a la lengua castellana, que es evidentemente una de las representaciones más comunes y que ha sido criticada en muchas ocasiones por autores que defienden el carácter diverso de la hispanidad. Es en este discernimiento de lo sefardí donde se pretende encontrar uno de los más importantes sustratos de lo que podría llamarse la 'hispanidad', partiendo de una comprensión de la cultura como conjunto de prácticas y representaciones y su articulación con el mundo social.[4] En este contexto, la representación se relaciona con las formas a través de las cuales las comunidades perciben y comprenden su sociedad y su propia historia. Las representaciones son entidades, de carácter individual, colectivo, mental, textual o iconográfico, "que van construyendo las divisiones mismas del mundo social"[5] y que son constitutivas de la construcción de identidades.

En los últimos años, el interés por los estudios sobre memoria e identidad ha conducido al replanteamiento de las fuentes tradicionales –con el surgimiento, entre otras, de la memoria como fuente legítima del conocimiento histórico– así como a la construcción de nuevos abordajes de la identidad que permiten visibilizar las tensiones y articulaciones que se producen entre estos ámbitos a la hora de investigar sobre la hispanidad. Es bajo esta perspectiva que se ubica el presente estudio. La investigación se mueve, entonces, entre la Historia y la memoria narrada por algunos sefardíes a través de escritos y de entrevistas realizadas a algunos miembros de la comunidad en Colombia. Por tal motivo, se considera pertinente una breve reflexión sobre las articulaciones y tensiones entre historia, memoria e identidad.

---

4 Chartier, Roger. *La historia o la lectura del tiempo*. Gedisa, Barcelona, 2007, p. 50.

5 Chartier, Roger. Ob. cit., p. 12.

A. Aproximación teórica

Desde la segunda mitad del siglo XX las investigaciones, reflexiones y debates sobre las articulaciones y tensiones entre historia y memoria han venido adquiriendo cada vez más importancia. Estos debates se iniciaron a raíz de los estudios e investigaciones sobre las memorias de la *shoah*[6] y continúan profundizándose hoy en diversas partes del mundo. En América Latina[7] las reflexiones sobre las relaciones entre historia y memoria están enmarcadas dentro de una serie de investigaciones que comenzaron a realizarse en el Cono Sur en momentos en que se hacía el tránsito a la democracia, después de un período de dictaduras militares que dejaron profundas heridas en esas sociedades. En Colombia, desde hace unos años, se están comenzando a realizar investigaciones y trabajos que permitirán recuperar, interpretar y profundizar en las memorias sobre el conflicto.[8] La razón de este interés por la memoria, según Elizabeth Jelin, es que es precisamente en los momentos de profundas catástrofes sociales y políticas cuando las tensiones entre memoria e historia adquieren mayor visibilidad.

De acuerdo con Daniel Pécaut, el creciente interés por la memoria está asociado al "desmoronamiento de los Estados nacionales tanto en el plano concreto como en el plano simbólico",[9] dando lugar al final de una relación entre memoria e historia en la cual los Estados nacionales habían servido de soporte a la memoria nacional y a los grandes relatos históricos. Esto ha conducido a una proliferación de memorias asociadas a las afirmaciones identitarias y ha

---

6 Ver: Cabrera, Martha. Exceso y defecto de la memoria: violencia política, terror, visibilidad e invisibilidad, en *Oasis*, nº. 11, Universidad Externado de Colombia, Bogotá, 2005/2006, p. 41.

7 Ver: Blair Trujillo, Elsa. Memoria y narrativa: la puesta del dolor en la escena pública, en *Estudios políticos*, nº. 21, Medellín, junio-diciembre de 2002, pp. 10-11.

8 Ibíd., p. 49.

9 Pécaut, Daniel. Memoria imposible, historia imposible, olvido imposible, en *Memorias en conflicto. Aspectos de la violencia política contemporánea*. IEP-IFEA, Lima, 2004, p. 87.

favorecido la deconstrucción de memorias nacionales y la construcción de nuevos relatos históricos basados en nuevas maneras de hacer y entender la historia que incluyen una "creciente legitimación de la historia oral y la experimentación interdisciplinaria".[10] En Colombia esta situación, aunque ha favorecido las críticas y los distanciamientos de la historia 'totalizante' y 'homogenizante' de los siglos XIX y XX y la proliferación de memorias alternativas, ha generado a su vez una serie de tensiones ligadas al surgimiento del sentimiento de una fuerte incertidumbre identitaria y a la prevalencia de un permanente 'presentismo' basado en una 'temporalidad simultánea' que hace imposible al mismo tiempo la memoria, la historia y el olvido.

Jelin[11] señala las diversas posiciones que se pueden identificar en el debate sobre las relaciones entre memoria e historia:

1. Una de las interpretaciones, que polariza fuertemente la tensión entre memoria e historia, es aquella que considera a la memoria como creencia acrítica, mito o invención del pasado, y que cataloga a la historia como la disciplina que se ocupa de lo fáctico, de lo científicamente probado.
2. La otra posición, por el contrario, es la que considera a la historia como narrativa construida, cuestiona las 'verdades históricas' e intenta legitimar la historia oral.
3. Una tercera posición es la planteada por La Capra, quien propone una historia que se mueve entre los intentos de "reconstrucción objetiva del pasado y el intercambio dialógico con él y otros investigadores".[12]

A estas tres posiciones se les puede añadir una cuarta, basada en Paul Ricoeur, según la cual la memoria tendría el estatuto de matriz de la historia[13] y, a su vez, la historia, como disciplina que al igual que la memoria tiene una especificidad temporal y una vocación de verdad, estaría destinada a corregir los abusos de la memoria.

Llegados a este punto, y retomando el objeto de esta investigación, es pertinente incorporar una pregunta fundamental: ¿pueden integrarse legítimamente

---

[10] Cabrera, Martha. Ob. cit., p. 39.

[11] Jelin, Elizabeth. *Los trabajos de la memoria*. Siglo XXI Editores, Madrid, 2002, p. 67.

[12] Citado por Jelin, Elizabeth. Ob. cit., p. 67.

[13] Ver: Ricoeur, Paul. *La memoria, la historia, el olvido*. Trotta, Madrid, 2003, p. 127.

las memorias de personas individuales en la construcción del relato identitario sefardí? Y más allá de esta posible integración, debe también preguntarse si estas memorias deben integrarse dentro del campo de la construcción histórica, para lo cual debería existir una razón clara que explique qué es lo que aportan a nuestra visión del mundo y de la historia.

Las respuestas a estas preguntas tienen una profunda relación con la naturaleza de la historia de los sefardíes en particular y del pueblo judío en general. En efecto, podemos afirmar que si bien en muchos casos la diáspora ha significado para muchos pueblos la decomposición de su tradición y su cultura, a través de procesos de asimilación e integración en las sociedades receptoras, las diversas diásporas que ha sufrido el pueblo judío a través de su historia no le han llevado hacia procesos de desintegración cultural, sino a procesos de adaptación en la diferencia, adaptación caracterizada por la adopción parcial de las costumbres del lugar de destino, pero manteniendo elementos identitarios diferenciadores como la lengua, la religión, las costumbres y los hábitos de la vida privada y social. Ante la ausencia de referentes geográficos y sociales comunes, derivada de la 'diáspora' sefardí desde 1492, la memoria de las personas y sus relatos de vida constituyen algunas veces la única fuente primaria, el único rescoldo de la historia. Estas memorias no son el final del camino; por el contrario, la memoria individual de las personas pertenecientes a pueblos en diáspora es el punto de partida para el largo camino de la construcción de un relato colectivo, pero también para la conformación de un relato histórico que permita identificar el camino seguido por ese pueblo.

1. Las memorias colectivas

"La memoria, –dice Héctor Schmucler en el prólogo al libro de Claudia Feld–, es el punto de llegada de una sucesión de opciones que han ido prefigurando una versión actual de los hechos";[14] es el producto de una serie de decisiones sobre qué y cómo retener lo que hoy se recuerda. La memoria es selectiva y contingente. Sobre esta base se construyen las memorias colectivas que requieren, además de los actores encargados de decidir qué y cómo se recuerda, unos espacios o 'escenarios de la memoria' en donde la 'presentación' de ese pasado que se recuerda sea posible. Claudia Feld define el 'escenario de la memoria' como "un

[14] Feld, Claudia. *Del estrado a la pantalla: las imágenes del juicio a los ex comandantes en Argentina.* Siglo XXI, Madrid, 2002.

espacio en el que se hace ver y oír a un público determinado un relato verosímil sobre el pasado".[15]

Debido a que "la memoria es una reconstrucción más que un recuerdo", en la reconstrucción interviene el marco social, que es el que "le da sentido a las rememoraciones individuales".[16] Además, es necesario poner de relieve que las representaciones sociales de espacio y tiempo donde ocurre la memoria son culturalmente variables e históricamente construidas. La atención se centra, entonces, en los procesos de construcción de la memoria por parte de sujetos que se ubican dentro de un marco social determinado y que participan de las luchas y negociaciones de sentidos del pasado en diversos escenarios. Esto permite ver cuáles son las memorias dominantes o hegemónicas y cuáles las memorias alternativas, marginadas o excluidas. Esta condición de la memoria como algo histórica y culturalmente constituido es fundamental a la hora de estudiar el caso de los sefardíes en Colombia, en la medida en que sus representaciones, expresadas en las narraciones sobre ellos mismos, varían según el lugar y la época donde estas narraciones se construyen.

Por otra parte, afirma Jelin, cualquier intento de construir memorias debe tomar decisiones con respecto a qué recordar y qué olvidar. En todas las narraciones, por tanto, faltará siempre 'algo esencial' según el punto de vista interpretativo que se asuma. La responsabilidad sobre la transmisión de memorias implica estar consciente de estas pérdidas y de las elecciones necesarias a la hora de decidir qué recordar.

Con el fin de poder vincular, más adelante, a la memoria, en su calidad de ente del tiempo y en su vocación por la fidelidad, a la historia, Ricoeur[17] se pregunta si es legítimo hablar de memoria colectiva. Hay un malestar epistemológico propiciado por la primacía que se le ha otorgado al carácter íntimo y personal de la memoria. Es decir, ¿cómo hablar de memoria colectiva si la memoria es precisamente algo personal?

Para responder a esta pregunta, Ricoeur comienza por caracterizar la memoria personal de la siguiente manera:

---

15 Ibíd., p. 5

16 Jelin, Elizabeth. Ob. cit., p. 21.

17 Ver: Ricoeur, Paul. *La memoria, la historia, el olvido.* Fondo de Cultura Económica, Buenos Aires, 2008, pp. 156-72.

1. La memoria personal es singular.

2. Es donde reside el vínculo original de la conciencia con el pasado. La memoria garantiza la continuidad temporal de la persona. Aquí Ricoeur llama la atención sobre un punto crítico que consiste en cómo conciliar la diferenciación de los múltiples recuerdos (que no tienen solución de continuidad, es decir, se puede saltar a cualquier punto del pasado), con la continuidad indivisible de la memoria. Anota cómo la recuperación narrativa de la articulación ente recuerdos plurales y memoria singular es la que resuelve el problema entre diferenciación y continuidad.

3. La sensación de orientarse en el tiempo (del pasado al futuro) está vinculada a la memoria.

Establecidas estas características, y a pesar de su carácter plenamente individual, Ricoeur considera que se debe recurrir a la noción de 'memoria colectiva', ya que es importante considerar lo que resalta Halbwachs en torno a la acción misma de recordar:

1. Las personas no recuerdan solas. Por el contrario, en muchos casos el recuerdo incluye a otros, tanto en su proceso de construcción como en el recuerdo mismo, y el recuerdo individual se nutre de los recuerdos de los otros que participan en ese proceso de construcción.

2. Nuestros recuerdos, a pesar de partir de una acción individual, a menudo incluyen relatos contados por otros como parte del recuerdo mismo, aun cuando no participamos directamente de la experiencia vital que entra, sin embargo, a formar parte de nuestra narración personal.

3. Nuestros recuerdos están inscritos en relatos colectivos. No recordamos nuestra propia acción en forma aislada; por el contrario, nuestros recuerdos individuales tienen como marco relatos más extensos, ajenos a nuestra experiencia personal directa en muchos de sus campos.

Esto, dice Ricoeur, es lo que legitima a Halbwachs para convertir cada memoria individual en memoria colectiva. Pero entre estos hechos y el suponer "un sujeto colectivo de la memoria" hay una enorme distancia. Esto implicaría aplicarle a la memoria colectiva las mismas funciones de conservación, organización y rememoración de la memoria individual. Ricoeur considera que, aunque Halbwachs no lo hace, es necesario criticar estos presupuestos, ya que plantean un dilema entre la fenomenología de la memoria y la sociología de la memoria.

El dilema puede resolverse, dice Ricoeur, si se elimina toda noción originaria de la memoria colectiva y se aborda como un 'concepto operativo'. Es decir, hay que olvidar el proceso de constitución que ha dado lugar a las entidades colectivas y tratarlas como sujetos de los que se puede predicar, de manera análoga, cosas similares a lo que se le atribuye a la conciencia individual. Esto que Husserl llama transferencia analógica, permite atribuirle al nosotros todas las prerrogativas de la memoria: 1. El carácter propio. 2. La continuidad. 3. La polaridad pasado-futuro. En resumen, sin olvidar el carácter analógico, podemos considerar a las entidades colectivas como sujetos con recuerdos, temporalidad e historicidad. La aceptación de la posibilidad de la memoria colectiva, así sea de manera analógica, es indispensable para relacionar después historia y memoria.

Si bien un recuerdo es una imagen y tanto la imaginación como la memoria tienen en común el referirse a cosas ausentes, hay una diferencia fundamental entre ambas: la imaginación se desarrolla espontáneamente en el ámbito de lo irreal, mientras que la memoria está vinculada, de una u otra manera, con lo que realmente sucedió. La memoria tiene una especificidad temporal; "es del tiempo", dice Ricoeur citando a Aristóteles.

De esta manera, la fenomenología de la memoria ha de reelaborarse en función de la distancia temporal, subrayando la diferencia que existe entre el pasado que todavía se funde con el presente (sin distinguirse de él en el plano de la representación) y el pasado que se diferencia del presente claramente (el recuerdo definido por su carácter pasado). Se debe, además, confirmar la separación de la memoria y la imaginación: la memoria desea y asume la labor de ser fiel y exacta. Por eso se equivoca, porque su objetivo es la verdad, la exactitud, la fidelidad.

En consecuencia, Ricoeur termina refiriéndose al problema de la fiabilidad de la memoria, es decir, a su verdad:

> Al término de nuestra investigación, y a pesar de las trampas que lo imaginario tiende a la memoria, se puede afirmar que una exigencia específica de verdad está implicada en el objetivo de la 'cosa' pasada, del *qué* anteriormente visto, oído, experimentado, aprendido. Esta exigencia de verdad es específica de la memoria como magnitud cognitiva. Más precisamente, es en el momento del reconocimiento, con el que concluye el esfuerzo de la rememoración, cuando se declara esta exigencia de verdad [...] Llamemos fidelidad a esta exigencia de verdad. Hablaremos en lo sucesivo de la verdad-fidelidad del recuerdo para explicar esta exigencia, esta reivindicación, este claim, que constituye la dimensión epistémica-veritativa del orthos logos de la memoria.[18]

[18] Ricoeur, Paul. Ob. cit., p. 79.

2. Articulaciones entre memoria e historia

Para Ricoeur, la Historia es básicamente una actividad interpretativa cuyo objetivo primordial es sustentar, corregir o refutar la memoria colectiva. Esta memoria colectiva es la que los individuos comparten con otros miembros de su grupo y es a partir de ella que tienen acceso a los eventos y hechos del pasado que han sido reconstruidos y les han sido narrados. Su memoria individual descansa en y se moldea a partir de esta memoria colectiva.[19]

La actividad interpretativa, o lo que es lo mismo, la operación historiográfica,[20] tiene tres fases[21] (no sucesivas):[22] en primer lugar, la fase documental, es decir, la construcción y uso de archivos que contengan huellas del pasado. El trabajo de archivo es en sí mismo una actividad interpretativa, en la medida en que implica una decisión sobre cuáles memorias son las que se deben preservar. Los datos que se preservan no son hechos positivos. No corresponden a lo que efectivamente sucedió. Están mediados por el trabajo de archivo mismo y por las preguntas o hipótesis de los historiadores y son, por tanto, interpretaciones. En segundo lugar, la fase explicativa/comprensiva, es decir, la explicación/comprensión de los hechos pasados, que es la operación mediante la cual el historiador interrelaciona los hechos, a través de dar múltiples significaciones causales que permitan hacerlos inteligibles (diversos usos del porqué). Es en este punto "donde la autonomía de la historia con respecto a la memoria se afirma con más fuerza en el plano epistemológico".[23] Por último, la fase representativa, es decir, la producción de una representación textual, la construcción de un texto, que a su vez será archivado, y por tanto sujeto a explicaciones/compresiones subsiguientes, y finalmente, reescrito.[24]

---

19 Ibíd., pp. 159-60.

20 Ricoeur le atribuye la expresión 'operación historiográfica' a Michel de Certeau, así como la estructura tripartita. Ver: ob. cit., pp. 178-79.

21 Ibíd., p. 179.

22 Ricoeur subraya sobre estas 'fases' que "no se trata de estadios cronológicamente distintos, sino de momentos metodológicos imbricados entre sí; es evidente que nadie consulta un archivo sin proyecto de explicación, sin hipótesis de comprensión; y nadie intenta explicar un curso de acontecimientos sin recurrir a una configuración literaria expresa de carácter narrativo, retórico o imaginativo. Toda idea de sucesión cronológica debe ser desterrada del uso del término 'fase operativa'" (Ibíd., p. 180).

23 Ibíd., p. 241.

24 Ibíd., p. 311.

La historia, dada su naturaleza interpretativa, no conduce a la certeza. Es una representación verosímil y en esa medida válida. El testimonio y la crítica al testimonio, es decir, la confrontación con testimonios discordantes, juegan un papel importante en la credibilidad de la representación del pasado del historiador que tiene un compromiso con la verdad. Pero esta verdad no es absoluta y, en consecuencia, está sujeta a ser reelaborada o reescrita por otros historiadores. Como sostiene Walter Benjamín, "articular históricamente el pasado no significa conocerlo 'como realmente ha sido'". La concepción hermenéutica es la que permite criticar las versiones 'únicas' y 'homogenizantes' de la historia que se refieren a una verdad inherente a la 'evidencia histórica' y que eliminan versiones de pasados más bien plurales.

La condición de conocimiento verdadero, que no excluye la dimensión narrativa de la historia, implica que este conocimiento se construya a partir de pruebas y controles. La "intensión de verdad que es constitutiva del propio discurso histórico" es lo que lo diferencia de la ficción, y esa vocación de verdad está fundamentada en la recolección e interpretación de 'pruebas' o 'huellas' del pasado, de las cuales hace parte, precisamente, el testimonio. Con él "se abre un proceso epistemológico que parte de la memoria declarada, pasa por el archivo y los documentos y termina en la prueba documental".[25]

Las articulaciones entre memoria e historia se pueden establecer por la especificidad temporal y por la vocación de verdad que ambas comparten. La memoria colectiva es, en este sentido, el "lugar de arraigamiento de la historiografía",[26] pero existen también tensiones que tienen que ver con las condiciones dentro de las cuales surge el reciente interés por la memoria y con los abusos de la memoria y de la historia. Según lo afirma Elsa Blair, citando a Gonzalo Sánchez, "el uso social por excelencia de la historia es el de construir memoria o, mejor aún, el de ser memoria".[27] La desarticulación entre historia y memoria conduce entonces a la ausencia de pasado y con ello a la imposible proyección hacia el futuro.

Es por esta razón que Jelin afirma que la memoria como 'construcción social narrativa' requiere ser legitimada, esto es, reconocida legítimamente por el grupo al cual se dirige. El proceso de rememoración es una 'negociación polifacética' donde siempre está presente el Estado, pero donde éste no es el único actor.

---

25 Ibíd., p. 210.

26 Ibíd., p. 96.

27 Blair, Elsa. Ob. cit., p. 19.

Se constituye así una lucha de poderes para ganar autoridad; es la lucha por las representaciones del pasado, en la cual los diversos actores buscan 'oficializar' o 'legitimar' su narrativa.

Por otra parte, cuando la memoria se convierte en objeto de estudio, la relación entre historia y memoria se transforma. Es el proceso de 'historizar la memoria'. Los procesos de la memoria son dinámicos, se transforman con el tiempo, "no invaden el presente sino que lo informan". Al historizar la memoria, varios elementos se ponen de relieve:

1. La ubicación social de los diversos actores y sus sensibilidades.
2. La conformación del escenario político en el que esos actores están inmersos.
3. Las luchas de sentido en las que están embarcados.
4. Las transformaciones de la memoria entendidas como procesos de resignificación.

La pregunta fundamental tiene que ver con el qué y el cómo se recuerda. En este proceso es necesario incluir la multiplicidad de narrativas, la complejidad de niveles y la descomposición del tiempo que funcionan en la subjetividad, así como los marcos interpretativos del momento.

El testimonio constituye otro punto de tensión en el tema de la memoria. Varios aspectos se ponen de relieve al abordar el problema:

1. Los obstáculos y trabas para la producción de testimonios.
2. Los huecos y vacíos que se producen.
3. Los usos, efectos e impactos sobre la sociedad y el entorno.

Otro problema ligado al testimonio se refiere a la relación testimonio-verdad, ya que el testimonio es una narración subjetivada y no puede entenderse "fuera de su contexto de producción y de su recepción, incluyendo las dimensiones políticas del fenómeno".[28] El carácter testimonial, además, puede estar basado no en la presencia individual como testigo, sino en una presencia colectiva. El testimonio implica multiplicidad de voces y, por consiguiente, múltiples verdades y silencios.

---

[28] Jelin, Elizabeth. Ob. cit., p. 91.

Es debido a estas tensiones que Ricoeur afirma que "la historia ejerce fundamentalmente una función crítica respecto a los fraudes de la memoria, es decir, no sólo respecto a sus errores, sino también respecto a sus falsificaciones, ha de incorporarse a la función de distanciamiento inherente a la memoria". Pero, al mismo tiempo, se puede afirmar lo mismo de la memoria: ante las manipulaciones de la historia, ante versiones oficiales legitimadas por la disciplina, ante los olvidos promovidos por intereses políticos y económicos, la memoria puede ejercer también una función crítica, que Ricoeur llama 'de justicia',[29] introduciendo nuevas narraciones e interpretaciones. De ahí la importancia de legitimar las memorias como fuente confiable y de poner de relieve las tradiciones orales y los testimonios tan fuertemente opacados por los documentos escritos.[30]

Una vez más, es pertinente incorporar una breve discusión en torno a la importancia de este planteamiento para la presente investigación. La pregunta que ilumina esta discusión podría plantearse así: ¿qué aportan las memorias individuales de los sefardíes en Colombia desde la perspectiva de la historia, y qué aspectos de estos relatos tienen incidencia sobre el relato histórico que se ha elaborado sobre el pueblo sefardí? Esta pregunta tiene plena vigencia al considerar la naturaleza de la historia de un pueblo en la diáspora, y en particular al tratar de abordar la continuidad histórica de la cultura sefardí en el país de destino. Las múltiples memorias individuales que, articuladas, comienzan a constituir una memoria colectiva en un nuevo territorio compartido, son la base para la construcción de la historia de un grupo diferenciado.

3. Memorias e identidades

La memoria, según Gillis,[31] es lo que sostiene la identidad, ya que la identidad está ligada al sentido de permanencia. Pensamos *con* la memoria y *con* la identidad. La selección de ciertos hitos o memorias por parte del sujeto lo pone en relación con otros sujetos mediante la identificación grupal o la diferenciación de otros, definiendo así los límites de la identidad. Los hitos o memorias se convierten en parámetros y estos, a su vez, en marcos sociales para encuadrar memorias. En las crisis internas de un grupo o en períodos de amenazas se reinterpreta la

---

29 Ver: Ricoeur, Paul. Ob. cit., p. 119.

30 Ver: Da Silva Catela, Ludmila y Jelin, Elizabeth (comps.). *Los archivos de la represión: documentos, memoria y verdad*. Siglo XXI, Madrid, 2002.

31 Citado por Jelin, Elizabeth. Ob. cit., p. 25.

memoria y, por tanto, se cuestiona la identidad. Surgen nuevas construcciones de memoria e identidad. Un tema central en la construcción de identidades es el de los acontecimientos o momentos 'memorables', tanto individuales como sociales, que se expresan en forma narrativa. Es la "construcción del sentido del pasado" (la Historia) que sirve de base, junto con las 'memorias habituales',[32] para generar sentidos de pertenencia y permanencia (identidad).

De otra parte, y de acuerdo con la investigadora Martha Herrera:

> las nociones de subjetividad e identidad guardan estrecha relación, en la medida en que a través de las múltiples experiencias que tienen los individuos, por medio de relaciones de socialización y sociabilidad, entran en contacto con referentes culturales con base en los cuales van construyendo sus identidades. Esto se da a través de procesos de subjetivación, en los que la identificación con el otro, con lo otro, con los otros, juega un papel trascendental, posibilitando, a los individuos y a las colectividades, los anclajes que les dan sentido de pertenencia, bien sea a grupos y comunidades específicas, bien sea al Estado-nacional, a partir del conocimiento de sí mismos, o de la conciencia de sí, como punto central de estos anclajes.[33]

La memoria histórica construye la identidad de los pueblos. La memoria acude al relato para dar una posición, una historia y una identidad al sujeto, pero necesariamente en relación con los otros. La narración emerge a través de relatos elaborados, se produce secuencialmente, estableciendo relaciones, aportando detalles, introduciendo conocimientos socialmente compartidos, pudiéndose desplazar a través del pasado, del presente y del futuro, aprovechando la virtualidad que la narración tiene de poder reconfigurar el tiempo.

Vale aquí, finalmente, señalar la importancia de este elemento como fundamento de esta investigación. El eje central de este trabajo es examinar la construcción y transformación de las identidades, teniendo como punto de referencia un caso particular, el de los sefardíes en Colombia. ¿Qué puede esperarse como

---

32 Las 'memorias habituales' son compartidas y repetidas por todos e incluyen hábitos, costumbres, tradiciones, formas de expresión, etc.

33 Herrera, Martha Cecilia. Identidad nacional y sujetos sociales: Colombia 1900-1950. Ponencia presentada en el VII Congreso Iberoamericano de Historia de la Educación Latinoamericana (Cihela), Ecuador, 2005, p. 2.

resultado de este trabajo? Lo que se intenta proponer es que, dadas ciertas condiciones históricas, la "identidad sefardí" y la "identidad colombiana" se han transformado como producto de esta interacción, dando lugar a nuevas "versiones" de la identidad. ¿Qué significa ser sefardí hoy en Colombia? ¿Qué es igual y qué es diferente entre los sefardíes de la diáspora de finales del siglo XV y los sefardíes colombianos del siglo XXI? Y, con base en ello, ¿existen hoy los sefardíes en Colombia, entendidos como un grupo social que comparte unas "memorias habituales" y unos momentos colectivos memorables? Proponer respuestas para estas preguntas nos permitirá avanzar en la comprensión de la forma en la que "vamos siendo", siempre nosotros, pero siempre distintos.

B. Nota preliminar

El presente libro se compone de dos partes: en la primera se hará una aproximación histórica e historiográfica al tema de los judíos españoles basada en fuentes secundarias. La segunda parte, relacionada con la memoria y la identidad de los sefardíes en Colombia, se basa tanto en fuentes secundarias como en fuentes primarias. Estas últimas consisten en una serie de entrevistas semiestructuradas que se realizaron durante el año 2009 a miembros de la comunidad sefardí en Colombia. Por petición de algunos de los entrevistados, no se especifica su identidad.

PRIMERA PARTE

APROXIMACIÓN HISTÓRICA E HISTORIOGRÁFICA

Capítulo 1
Los judíos en España: aproximación historiográfica

La historia, como los pueblos, cambia. Y cambia con ella lo que los pueblos piensan y dicen de sí mismos, y lo que creen de sí mismos. En este capítulo se aborda el proceso de transformación de la percepción de la presencia judía en la construcción de las hispanidades dentro del territorio español, mostrando a la identidad como una materia moldeable en las manos de los historiadores. Además de ser una referencia necesaria para la comprensión de este trabajo, esta presentación es también una ilustración clara de la forma en la cual se generan múltiples interpretaciones de la identidad, para lo cual se muestran las transformaciones que ha sufrido la percepción de la presencia e influencia judía en la conformación de la identidad española a lo largo de los últimos dos siglos.

En este capítulo se ilustra cómo la producción historiográfica sobre la presencia e influencia de los judíos en la historia de España y en la conformación de su identidad ha estado definida por dos aspectos: el primero, el contexto en que surgen las obras de los autores, que determina el tipo de investigación que realizan, el cual puede ser cultural, antropológico o institucional; y el segundo, el reconocimiento que se hace de la influencia de judíos, judeoconversos y musulmanes en lo español, que va desde aceptar su presencia en España como un capítulo más de su historia, hasta identificar su papel como parte necesaria en la determinación del carácter hispánico.

1.1. La historia en busca de las raíces de España

A pesar de su innegable influencia en los diversos ámbitos de la cultura, la arquitectura y la administración,[34] la presencia judía en territorio español no fue

---

[34] Cfr. Pérez, Joseph. *Los judíos en España.* Marcial Pons Historia, Madrid, 2005, p. 98.

estudiada de acuerdo con la importancia que tuvo, sino con las etapas históricas y el contexto en el que se desarrolló. Esto explica por qué, en un primer momento, las investigaciones sobre el tema sólo veían la presencia judía en España como un evento más en la historia, sin profundizar en su influencia. Posteriormente, la influencia judía empezó a ser tenida en cuenta, para definirla como parte fundamental de lo hispánico. Por último, se empezó a estudiar el exilio y sus consecuencias dentro y fuera de España como un factor que forjó y dio a conocer lo hispánico fuera del territorio español.

Como se mencionó anteriormente, en la primera etapa los autores explicaron la cultura y la historia españolas restándole importancia a la presencia judía, pues basaban sus estudios en criterios exclusivamente europeos; es decir, que para entender lo hispánico se utilizaban abstracciones occidentales que impedían la inclusión de lo moro y lo judío como parte fundamental de la formación de lo hispánico. Esta postura cambiaría en el siglo XIX con el surgimiento de la preocupación por incluir lo árabe dentro de los estudios, y posteriormente lo judío como parte fundamental de la formación de la nación española. En consecuencia, los autores hacen una nueva lectura de la historia en la cual esta influencia marca "la singularidad histórica" de la península respecto al resto de Europa.

En el siglo XIX surge una fuerte preocupación en España por la conformación de la nación española y su identidad. Dicha preocupación, asociada a la decadencia política española y a las guerras civiles, condujo al surgimiento de una fuerte tendencia historiográfica centrada en la definición y alcances de lo hispánico. "A partir de este siglo el problema judío, particularmente su presencia en España hasta finales del siglo XV y la huella dejada posteriormente empezó a interesar a los estudiosos españoles y a ser un tema de investigación histórica, predominaba entonces una actitud desapasionada y poco hostil, pero no siempre favorable".[35] A partir de entonces se pueden identificar varias corrientes historiográficas con diversas posturas con respecto al tema de la hispanidad y de la influencia judía en España.

De esta manera,

> entre los años 1840-1850 la cuestión judía entra en una fase digna de ponerse de relieve. Los eruditos empiezan a hablar de los judíos como un tema de investigación histórica, sin la hostilidad que caracterizó estudios

[35] Ver: González, Isidro. *El retorno de los judíos*. Nerea, Madrid, 1991, pp. 10-11.

> anteriores. Don Adolfo de Castro publicó en 1847 su historia de los judíos, dejando en claro que no pertenece a la raza judía. En 1848 saldrán a la luz los estudios de don José Amador de los Ríos, en los que el autor hace gala, a la par de su catolicismo ferviente y de su admiración hacia los judíos medievales, de una postura académica que heredarán muchos universitarios jóvenes, entre ellos Menéndez Pelayo.[36]

El tema judío empieza a ser estudiado desde diferentes perspectivas dentro de la historia de España, pero en esta época los autores siempre reivindicarán su condición católica para abordar el tema.

Es en este contexto que surgen los estudios de la generación del setenta, cuya producción se da en el contexto de la decadencia del imperio español y las guerras civiles. Sus mayores exponentes son Francisco Rodríguez Marín,[37] cuya investigación está dedicada al estudio de la obra de Cervantes, y en especial al *Quijote*, quien encuentra un vínculo entre la literatura del Siglo de Oro y la complejidad de la identidad española tripartita (judía, musulmana y cristiana); en segundo lugar encontramos a José Amador de los Ríos, quien en su trabajo *La historia social, política y religiosa de los judíos de España y Portugal* reconoce abiertamente la influencia judía en España, no sólo en la literatura, sino también en otros aspectos, como el estatal; en sus palabras:

> era evidente que una raza dotada de tan perseverante actividad y clara inteligencia, que tan altos y trascendentales servicios había hecho a la civilización española, contribuyendo activamente a la realización de la obra de Pelayo; acumulando, ya que no creando, su industria; fortaleciendo su comercio y su agricultura; ilustrando sus ciencias y sus letras.[38]

Con ello quedaba expuesta la participación de lo judío en la cotidianidad de España, un aspecto que se había pasado por alto e ignorado en estudios

---

[36] Caro Baroja, Julio. *Los judíos en la España moderna y contemporánea*, 3ª ed. Ediciones Istmo, Madrid, 1986, p. 203.

[37] Rodríguez Marín publicó varias obras relacionadas con el Siglo de Oro, en particular varias ediciones del *Quijote*, así como una gran cantidad de recopilaciones de refranes y coplillas andaluzas. Se le critica su falta de rigurosidad científica.

[38] De los Ríos, José Amador. *Historia social, política y religiosa de los judíos de España y Portugal. Cultura e historia.* Aguilar Ediciones, España, 1969, p. 28.

anteriores. Cabe resaltar que esta nueva ola fue posible gracias a la recopilación literaria y costumbrista que se había realizado en España con anterioridad sobre la presencia árabe. Esta corriente histórica permitió que algunos intelectuales se familiarizaran con el tema judío.[39]

Adolfo de Castro publica su obra *Historia de los Judíos en España* en 1847. Este autor es el primero en cuestionarse acerca de la participación judía en la historia española desde su establecimiento hasta su expulsión. Es un intento por recuperar el pasado español, pero teniendo en cuenta el tema judío como un eje fundamental para entender tanto la historia de España como su identidad. Sin embargo, fue la obra de Amador de los Ríos,[40] publicada un año después, la que tuvo mayor acogida dentro de España y es el referente historiográfico clásico de la literatura académica sobre los judíos en la península.[41] Pese a esto, el aporte de de Castro no puede ser desestimado; de hecho, Menéndez Pelayo en su *Historia de los heterodoxos* hará algunas referencias a este autor.

La obra de Amador de los Ríos, *Historia social, política y religiosa de los judíos de España y Portugal,*[42] es una detallada y extensa investigación sobre los judíos en España y las vicisitudes que sufrieron durante su permanencia allí; recoge la información existente sobre el tema y es uno de los trabajos más completos que se escribieron en su época.

Tanto de Castro como de los Ríos desmienten las leyendas que se habían construido en relación con la llegada de los judíos al territorio español antes del año 70 d.C., ubicando la presencia judía a partir de la destrucción del segundo templo.

---

39 González, Isidro. Ob. cit., p. 11.

40 Aunque el trabajo de Amador de los Ríos presenta una nueva visión en el estudio del tema judío en España, se le ha criticado la falta de rigurosidad científica de su enfoque, puesto que en su estudio de la historia constantemente emite sus opiniones. En la misma línea de investigación encontramos al Padre Fidel Fita con su obra *La España hebrea, 1889-1890.* Existen otros trabajos posteriores que conservan rasgos de esta línea; son los de Yitzhak Baer, alemán de origen judío que publicó en 1936 su obra *Historia de los judíos en la España cristiana*, y de Cecil Roth, quien escribe *A History of the Marranos*, trabajo publicado en Londres en 1936. Esta obra fue posteriormente traducida al español y publicada en 1979 bajo el título *Los judíos secreto: historia de los marranos*, y más recientemente: Joseph Pérez: *Los judíos en España.*

41 Una de las razones por las cuales la obra de Castro no es tan referenciada, es por la mala fama que había adquirido tras el escándalo del *Buscapié*, texto que falseo de Cervantes.

42 De los Ríos, José Amador. "Historia social, política y religiosa de los judíos en España y Portugal...", cit.

Aunque algunos historiadores, como López Vela, consideran que esta obra no va más allá de un estudio descriptivo y que "para Amador de los Ríos, España es solamente la historia de Castilla, el resto de los reinos peninsulares apenas merece su atención, cuando se refiere a ellos lo hace como si fueran un apéndice de aquel reino",[43] su aporte está en el reconocimiento del significado de la presencia judía en España, pues en sus propias palabras, los aspectos "histórico, político del pueblo hebreo, [...] es tanto más importante cuanto envuelve, por así decirlo el de la cultura de la nación española".[44]

De esta manera, registra que existe en la estirpe judía un pilar fundamental de la historia de España. Para él: "la generación hebrea desplegó, no obstante, los vuelos de su inteligencia y de su actividad, dentro de la Península pirenaica en las esferas de las ciencias y de las letras, contribuyendo de un modo digno de madura contemplación y estudio al lustre engrandecimiento de la cultura intelectual de Iberia".[45] Al mismo tiempo, pregona "la participación que en uno y otro concepto alcanzó el pueblo proscrito en el desarrollo de la civilización española".[46]

Lejos de entender la presencia judía en España como un factor negativo, de los Ríos atribuye a los judíos aportes fundamentales a España, pues "eran grandemente útiles al Estado, no sólo porque administraban sus rentas con desacostumbrada inteligencia, sino también porque acudían a su sostenimiento con tantos y tales impuestos y subsidios, que no era en verdad fácil el intento de sustituir con otras las crecidas rentas que aquellos constituían".[47] No obstante, el autor en mención se abstiene de criticar la expulsión de los judíos de España, mientras que de Castro abiertamente afirma que esta medida fue contraria a la razón de Estado, en cuanto los judíos eran un grupo económico e intelectual muy valioso para España. Se debe mencionar, sin embargo, que la obra de este último autor no estudia la comunidad judía, sus costumbres, sus ritos religiosos, como tampoco menciona los intelectuales hebreos y su aporte; su interés era la

---

[43] López Vela, Roberto. Judíos, fanatismo y decadencia. Amador de los Ríos y la interpretación de la historia nacional en 1848. Manuscrits 17, 1999. Consultado en: http://www.raco.cat/index.php/Manuscrits/article/viewFile/23361/23194

[44] De los Ríos, José. "Historia social, política y religiosa de los judíos en España y Portugal...", cit. p. 11.

[45] Ibíd., p. 7.

[46] Ibíd., p. 9.

[47] Ibíd., p. 27.

identidad española, no la judía, pero esto no significó que su obra no restableciera la importancia del pueblo judío en la construcción de España.[48]

Trabajos como el de de Castro o el de los Ríos se ubican entre aquellos que empiezan a tratar el tema judío sin prevenciones y hostilidades y con una cierta neutralidad, aunque dejando en claro su condición católica. La investigación de de los Ríos daría luces a los trabajos subsiguientes sobre el tema de los sefardíes en otros ámbitos. Un siglo después autores como Joseph Pérez no sólo revaluarían la presencia de los sefardíes dentro, sino también fuera de España: "Ellos mismos lo sabían y se sentían orgullosos de ser españoles de origen; esta condición les parecía constituir una enorme superioridad frente a los judíos procedentes de otras tierras, los asquenazíes".[49]

1.2. La historia en busca de la esencia de España

Entre los años 1875 y 1898 surge una nueva generación historiográfica, que basa sus trabajos en buscar en la historia una explicación de la decadencia de España. Aparecen entonces dos grandes corrientes: de una parte, los que defienden lo hispánico como la tradición católica del espíritu de la reconquista, y de otra, una corriente menos ortodoxa, a la que perteneció Marcelino Menéndez y Pelayo, quien en su *Historia de los heterodoxos españoles* (1880-82), si bien reconoce la importancia histórica del espíritu de la reconquista, trata de demostrar que la heterodoxia es tan española como la ortodoxia cristiana. Para este autor "la civilización peninsular es romana de pies a cabeza con algo de semitismo".[50]

En el epílogo del volumen III, titulado "Apostasías-judaizantes y mahometizantes", Menéndez y Pelayo define el concepto de heterodoxia "como la forma para designar toda opinión que se aparta de la fe", con el fin de diferenciarla de conceptos como herejía y apostasía.[51] Esta precisión conceptual va a permitir

---

48 Ver: López Vela, Roberto. La plebe y los judíos en la construcción de un mito histórico en la España del siglo xix, p. 11. Consultado en: http://sefarad.revistas.csic.es/index.php/sefarad/article/viewArticle/510

49 Pérez, Joseph. Ob. cit., p. 260.

50 Menéndez y Pelayo, Marcelino. *Historia de los heterodoxos españoles*. Espasa, Madrid, 1946, vol. I, p. 372.

51 "Los que nunca fueron bautizados mal pueden figurar en una Historia de los Heterodoxos, sino porque herejes son los *apóstatas,* según el autorizado parecer del Santo Oficio, que siempre los nombra así en sus sentencias. Esta costumbre española no se ajusta muy bien con el general dictamen de canonistas y teólogos, los cuales hacen clara distinción entre el crimen de *herejía* y el de *apostasía*". Ver: Menéndez Pelayo, Marcelino. Historia de los heterodoxos españoles, en *Obras completas*. Espasa, Barcelona, vol. II., p. 351.

que se excluyan de la heterodoxia judíos y musulmanes, pero que se pueda incluir a los conversos y todos aquellos que se alejaron de los cánones impuestos en el momento; con esto se avanza en relación con las posturas anteriores, ya que además del reconocimiento de la presencia judía en España, se puede afirmar que no sólo lo católico y español es hispánico, si no también lo judío, lo árabe, y en especial lo converso, lo que es decir que la heterodoxia es un pilar de la hispanidad.

Es así como para Menéndez y Pelayo[52] la heterodoxia hizo de España, de su historia y de su cultura, lo que son en la actualidad. Para apoyar su afirmación describe tres tipos de judaizantes: "médicos y naturalistas entran en el primero; teólogos, filósofos o controversistas, en el segundo; poetas y escritores de amena lectura, en el tercero. Judíos fueron los que dilataron en Europa el conocimiento de las doctrinas y experiencia médica de Avicena, Abenzoar, Rásis y Averroes".[53]

En contraposición a los estudios que consideraban la ortodoxia como la principal característica de lo español, Menéndez y Pelayo defiende, con ejemplos claros, que quienes que se alejaron de la fe fueron los principales precursores de la hispanidad, "porque su larga permanencia en España [...] los hizo iguales en ciencia, estilo, lengua y formas artísticas, al resto de los escritores españoles".[54]

De acuerdo con el autor en mención, la hispanidad se forjó y extendió "gracias a la presencia de estos extraños invasores, diversos en raza, lengua y rito, y a la ciencia española, que a su llegada no estaba muerta ni dormida y que sus rayos bastaban para iluminar y dar calor a extrañas gentes";[55] habría sido esta heterodoxia la que permitió la generación de nuevas ideas y su expansión por el resto de Europa. La tesis de Menéndez y Pelayo también sería refutada, pero su obra abrió el camino a la generación del 98 y posteriormente al debate Castro-Albornoz.

1.3. La generación del 98

Una prolongación de este debate es el que surgió al interior de la llamada generación del 98,[56] que buscó la grandeza de España en lo castizo. Hijo de esta

[52] Este autor fue también un firme defensor de buscar los orígenes de España en las ideas e instituciones de todos los pueblos que habían pasado por la península.

[53] Ibíd., vol. V, p. 271.

[54] Cfr. Menéndez y Pelayo, Marcelino. Ob. cit., vol. II, p. 351.

[55] Ibíd., libro segundo, p. 249.

[56] Se le denomina 'Generación del 98', pues ese año marca la decadencia de los últimos vestigios del imperio español, en cuanto se perdieron a mano de los Estados Unidos las últimas colonias de ultramar,

generación, José Ortega y Gasset explica el declive de España por la decadencia de lo castizo, mientras que Ramón Menéndez Pidal, quien al igual que Ortega y Gasset reconoce la importancia de lo castellano, consideró en cambio que era también imprescindible el estudio de otras influencias en el carácter hispánico.[57]

Las obras producidas por la generación del 98 marcaron el carácter de los análisis subsiguientes, que se centraron en buscar en la historia las características identitarias de lo español para, a través de estas, explicar la decadencia del Imperio.

A través de sus ensayos, y especialmente en "España invertebrada", Ortega y Gasset encuentra en Castilla el pilar de España, al reconocerla como la forjadora de la hispanidad, y no se preocupa por explicar la presencia judía, no porque la niegue sino porque la entiende como parte de lo español. Este planteamiento daría lugar a un fuerte enfrentamiento entre tesis a favor y en contra de la comprensión de lo judío como parte de lo hispánico.

Otro es el caso de Ramón Menéndez Pidal,[58] quien también se ocupó de definir España como concepto, justo antes de que se iniciara la Guerra Civil. En varias de sus obras, tras un extenso recorrido histórico, aunque reconoce la importancia de lo castellano, refuta a Ortega y Gasset pues no ve en Castilla el pilar unificador de España, sino que registra otros elementos; dentro de su obra el concepto de España es definido de la siguiente manera:

> El concepto de Hispania no fue una creación arbitraria de los romanos; antes los íberos habían iberizado a diversos otros pueblos de la Península, formando cierta unidad cultural o nacional hispánica. [...] Después el Estado único en que los visigodos reunieron la extrema provincia del Imperio de

---

entre ellas Cuba, Filipinas y Puerto Rico. Entre los autores más destacados de esta generación encontramos a Miguel de Unamuno, que escribe *En torno al casticismo*, y Ángel Ganivet, autor de *idearium español* en 1898. Ambos textos hacen una interpretación de la historia y la cultura para entender las causas de la decadencia española, al igual que lo haría de manera posterior Ortega y Gasset, el más joven de esta generación. Ver: Pinedo, Javier. Ser otro, sin dejar de ser uno mismo: España, identidad y modernidad en la generación del 98, en *Revista Universum*, nº. 13. Consultado en: http://universum.utalca.cl/contenido/index-98/pinedo.pdf

[57] García, María del Rosario. Documento de trabajo.

[58] En sus volúmenes de historia de España el autor otorga un espacio especial a la España musulmana (Menéndez Pidal, Ramón. España musulmana, en *Historia de España*, 2ª ed., 40 vols. Espasa-Calpe, Madrid, 1957).

> Roma, es la primera expresión política de la nueva idea de España. [... Con la invasión árabe] el nombre mismo de Spania está entonces a punto de desnaturalizarse, pues tiende a designar especialmente el país islamizado por ser éste la mayor parte de la Península [...] Un sentimiento hispánico ligaba, ora ideal ora materialmente, a los diversos centros reconquistadores desde mucho antes que Castilla, una vez asumida la hegemonía en la Península, lograse implantar la unidad política.[59]

De este modo, Menéndez Pidal incluye en la formación de lo hispánico todos los momentos de la historia española, sin hacer énfasis en uno u otro, sino simplemente reconociendo la influencia e intervención de todos los involucrados en el proceso, absteniéndose de identificar un período o cultura como el determinante.

1.4. Los estudios durante el franquismo: el debate Castro-Sánchez Albornoz

Durante la época del franquismo, tanto España como la forma en la que se estudiaba la historia sufrieron modificaciones importantes, ya que la historia misma fue puesta al servicio de la política franquista. Esto explica el que la mayoría de trabajos de este período estudiaran el siglo xvi, lo que equivale a decir que se centraran en el período de la unificación religiosa y cultural alrededor del catolicismo y del castellano como única lengua oficial. El componente básico de este tipo de historiografía era la narración de hechos aislados que ensalzaban la grandeza de España en el pasado. Se trataba de "resaltar los paralelismos existentes entre distintos acontecimientos o personajes, de tal forma que la idea de fondo que transmitían (hispanidad, catolicismo, heroicidad), fuese asimilada mediante la repetición continua".[60]

---

[59] Menéndez Pidal. *La España del Cid*. Espasa-Calpe, Madrid, 1969, p. VII (citado por Abad, Francisco. Notas I. Glosas sobre lo diacrónico. Menéndez Pidal y Américo Castro en el contexto de la historiografía. *Epos: Revista de Filología*, ISSN 0213-201X, Nº 19, 2003, pp. 279-94. Consultado en: http://e-spacio.uned.es/fez/eserv.php?pid=bibliuned:Epos-8968AB29-310E-3590-1773-77B5F26013F6&dsID=PDF).

[60] Ribagorda Esteban, Álvaro. La fractura de la historiografía española durante la postguerra franquista, en *Cuadernos de Historia Contemporánea*, nº. 23, 2001, pp. 373-83. Consultado en: http://www.ucm.es/BUCM/revistas/ghi/0214400x/articulos/CHCO0101110373A.PDF

En este período, sin embargo, las obras de Américo Castro[61] (1885-1972) aparecen defendiendo el carácter mestizo de lo hispánico y la herencia musulmana y judía tanto en la historia como en la formación de la cultura y la identidad hispánicas. En obras como *Los españoles. Cómo llegaron a serlo,* Castro dice que "el imperio español fue concebido, construido y deshecho a causa de la cooperación y de los odios entre sus tres castas".[62] En otra de sus obras, *España en su historia: cristianos, moros y judíos,* afirma:

> la historia del resto de Europa puede entenderse sin necesidad de situar a los judíos en un primer término; la de España no. Sólo en España poseyeron los judíos una arquitectura viva con motivos propios. Tras las sinagogas de Toledo y Segovia habla bellamente el espíritu de los hispanos-hebreos. Sobre la base común del pueblo disperso por el mundo medieval, la población judía de España se destaca como un conjunto único y sorprendente.[63]

En contraposición abierta, Carlos Sánchez Albornoz (1893-1984) en su obra de 1957 *España, un enigma histórico*, defiende el carácter castizo y cristiano de España. Con esta réplica se suscita el debate historiográfico más conocido de la segunda mitad del siglo XX en torno a la identidad española; la discusión de estos dos autores abre el camino a nuevas investigaciones, como las de Antonio Domínguez, Eloy Benito Ruano y Julio Caro Baroja, quienes van a desarrollar el tema de los judíos, judeoconversos y musulmanes desde una percepción tanto histórica como etnográfica.

El debate Castro-Sánchez Albornoz se produjo desde el exilio.[64] La discusión entre estos dos autores ha sido una de las más intensas y reconocidas de la historia española:

---

61 Los primeros trabajos de Castro toman como referente la obra de Menéndez Pidal, quien estudia las lenguas hispánicas y la literatura española. En su producción posterior el enfoque toma un carácter más histórico y cultural, el cual se refleja en obras como *La realidad histórica de España, Origen ser* y *Los españoles: como llegaron a serlo.* Sin embargo, Américo Castro ha sido criticado por la pobreza teórica historiográfica, pues se ocupa de manera exclusiva de la recolección de material.

62 Castro, Américo. *Los españoles. Cómo llegaron a serlo.* Taurus, Madrid, 1965, p. 24.

63 Ibíd.

64 Después de la guerra civil española Claudio Sánchez Albornoz se exilió en Argentina y Américo Castro en los Estados Unidos.

> [Albornoz] reafirmaba su tesis basada en la idea de continuidad entre la Hispania romana, la visigótica, los reinos cristianos frente a la invasión árabe, la despoblación del valle del Duero, los principios de la reconquista, y la debilidad de la feudalización en Castilla. Mientras que Américo Castro en contraposición a la visión de Menéndez Pidal y la de Sánchez Albornoz, propone una idea dinámica y vitalista de nación: la nación no nace, sino que se hace, y estima que no se puede entender el origen de los españoles sino como el cruce de tres castas de creyentes: cristianos, musulmanes y judíos.[65]

Con esta última perspectiva fue que Américo Castro escribió *España en su historia: cristianos, moros y judíos* en 1948. Todo su discurso se centra en el contexto de la Edad Media española. Utilizando la literatura como fuente de apoyo, el autor presenta lo judío y lo moro como el sello distintivo de lo español; como aquello sin lo cual no se podría entender a España. De esta manera, le otorga al pueblo judío un papel fundamental en la historia de España. La obra sería publicada de nuevo en 1954, bajo el título de *La realidad histórica de España.*

Ante esta postura Sánchez Albornoz respondió con su obra *España un enigma histórico,* publicada en 1956, "refutando punto por punto a Castro –como en las disputas de la viejas universidades– la tesis de su antiguo colega, componiendo una especie de Anti-Castro, que totaliza 1600 páginas rebosantes de datos. Allí no sólo rebate las conclusiones, rectifica la perspectiva, puntualiza la cronología". En pocas palabras Sánchez Albornoz refuta a Castro en una doble vía: primero por las fuentes, y segundo porque para él la esencia de lo español estaba en la presencia de pueblos como el visigodo. Aunque también estudia la Edad Media, no toma en cuenta la convivencia de las tres religiones que tuvo lugar durante aquella época como un hecho decisivo o definitorio para España. En consecuencia, no ve ni en el judaísmo ni en la presencia árabe aporte alguno. Para Sánchez Albornoz, España es ante todo europea y cristiana. En sus trabajos toma como referente la obra de Ortega y Gasset,[66] donde se afirma que Castilla es la columna donde se crea y sostiene España:

---

[65] Cfr. Castro, Américo. "Los españoles: como llegaron a serlo...", cit., p. 382.

[66] Sánchez Albornoz dice: "leí la España Invertebrada de Ortega y Gasset, me vino a las mientes la orgullosa intención de escribir una interpretación histórica de España". Ver: Sánchez Albornoz, Claudio. *El porqué de este libro. España un enigma histórico*, tomo I. Editorial Suramericana, Buenos Aires, 1956.

> España es una cosa hecha por Castilla y hay razones para ir sospechando que en general solo cabezas castellanas tienen los órganos para percibir el gran problema español. –Y continua afirmando–: Nada hay tan conmovedor como reconstruir el proceso incorporativo que Castilla impone a la periferia peninsular. Desde un principio se establece que Castilla sabe mandar [...] sólo en Aragón existía como en Castilla, sensibilidad internacional pero contrarrestada por el defecto más opuesto a esa virtud: una feroz suspicacia rural aquejaba a Aragón, un irreductible apego a sus peculiaridades étnicas tradicionales. La continuada lucha fronteriza que mantienen los castellanos contra la Media Luna, con otra civilización, permite a éstos descubrir su histórica afinidad con las demás Monarquías ibéricas, a despecho de las diferencias sensibles: rostro, acento, humor, paisaje. La España una nace así en la mente de Castilla, no como una intuición de algo real –España no era, en realidad, una–, sino como un ideal esquema de algo realizable. Cuando la tradicional política de Castilla logró conquistar para sus fines el espíritu claro, penetrante de Fernando el Católico, todo se hizo posible.[67]

Refiriéndose a *España invertebrada* de Ortega y Gasset, Castro, a su turno, había afirmado lo siguiente:

> Es una obra menor, presurosa, dentro de la producción de Ortega, un áspero latigazo con miras a avivar el renacer de la cultura hispánica, la cual hacia 1920 daba signos de nueva pujanza. Ortega aspiró a forzar el ritmo de los tiempos en el invernadero de su queja lírica. De ahí que para mí carezca ahora de todo sentido calibrar la exactitud de sus juicios acerca de los visigodos de la Reconquista, ni discutir si el eje de una historia pude consistir en una negación (ausencia de minorías valiosas y rebeldía de masas), o si el simple predominio de una masa arisca puede explicar la continuidad de valores exquisitos. Lo que importaría no es percibir lo que en España invertebrada haya de *contradictio in adjecto* sino como un caso más de ese vivir desviviéndose que juzgo un rasgo esencial en la historia española.[68]

---

[67] Ortega y Gasset, José. *España invertebrada*. Consultado el 29 de enero de 2009 en: http://agorafilosofica.es/attachments/File/txt-filosofos/Ortega%20Y%20Gasset%20-%20Espana%20Invertebrada.pdf

[68] Castro, Américo. *España en su historia: cristianos, moros y judíos*. Crítica, Barcelona, 1983, p. 43.

Por otra parte, el texto de Castro *España en su historia* es una revisión de la historia española y la cultura que ahí se produjo para entender la realidad del momento.[69] Para el autor, a diferencia de Sánchez Albornoz, el punto de partida, el origen de lo hispánico, es el año 711,[70] fecha de la invasión musulmana a la península, pues es la época en la que al lado del cristianismo conviven lo moro y lo judío.

Castro no reconoce las bases de una vida nacional en la España visigoda, como sí lo hace Sánchez Albornoz al afirmar que "ni los romanos, ni los godos, ni los musulmanes, fueron naturalmente españoles, pero de todos ellos fueron los visigodos los únicos que se vertieron naturalmente en el río de lo hispánico, sólo con los godos entró en España un pueblo entero, una total comunidad humana".[71]

Es claro entonces que para Sánchez Albornoz el período de coexistencia que se inició en el siglo VIII entre cristianos, musulmanes y judíos no es lo principal en la historia de España. Sin embargo, está de acuerdo con Castro en que la historia de España es diferente de la del resto de Europa, cuando afirma que "España se distingue de los dos linajes de comunidades históricas con los que lógicamente debería coincidir. No se deja enmarcar dentro de las estructuras funcionales de los pueblos mediterráneos ni de los pueblos del llamado Occidente. Se aleja de cada uno de estos grupos más que se acerca a ellos".[72] Sin embargo, no está convencido de que el momento en que se crea España como concepto sea el siglo VIII. Por el contrario, para él España ya se había formado con anterioridad:

> La peculiaridad y el carácter propio de España aparecen ya definidos por rasgos muy especiales en la España primitiva y antes de la romanización

---

[69] Como puede verse, hay una coincidencia entre la obra de la generación del 98 y los autores de la posguerra, entre ellos Castro y Albornoz, que consiste en explicar el problema de España, el origen de la identidad española, para entender la decadencia del Imperio Español y dar una solución a esta.

[70] "Mas llegaron los musulmanes en 711, y en breve tiempo se hicieron dueños de casi la totalidad de las tierras ibéricas. Venían sostenidos por dos admirables fuerzas, la unidad política y el ímpetu de una religión recién nacida [...] los musulmanes progresaban elásticamente sintiendo a su espalda una capitalidad religiosa y política, e incluso el eco de las mejores culturas de la antigüedad, que muy pronto harían revivir. Hay que comenzar con los siglos de la invasión musulmana, antes de esa época ignoramos como fuera". Ver: Castro, Américo. "España en su historia...", cit., pp. 42- 47

[71] Sánchez Albornoz, Claudio. "España un enigma histórico...", cit., tomo 1, p. 131.

[72] Ibíd.

> del país: "Del entrecruce de diferentes grupos humanos que llegaron a este *finis terra* en el arqueolítico y de su adaptación al medio geográfico, austero y duro en la meseta fueron naciendo civilizaciones y los estilos de vida hispánicos". "Las viejas características temperamentales de los españoles anteriores a Cristo se vieron atemperadas durante el señorío romano, pero aparecieron en los siglos medievales, sobre todo en los menos romanizados montañeses del norte, desde gallegos a vascones, que son quienes iniciaron la restauración de España después de la invasión muslín". El visigodo, fue el único pueblo que se integró a lo hispánico, influyó en la forja de lo hispánico porque aportó a España un caudal humano calculado en 200.000 hombres, un pueblo entero poseedor de una vieja herencia temperamental. Los españoles anteriores a la invasión musulmana tenían rasgos parejos a los que caracterizaron a los españoles de fines del medioevo y de los tiempos modernos.[73]

Para Castro, por el contrario, la participación de los judíos en la formación de España es fundamental. En *La contribución de los judíos* va más allá de los aportes judíos en materia económica y mercantil y pone de relieve su contribución en otros campos como la cultura y la literatura; incluso llega a afirmar que "se reconocía la pobreza del pensamiento hispano-cristiano en el hecho de no poder citar más que pensadores musulmanas o judíos al hacer el inventario de la sabiduría hispánica. Fernán Pérez de Guzmán sólo recuerda a Averroes y Maimónides".[74]

La controversia entre estos escritores abre el camino a otras investigaciones, ya no sobre España como concepto y realidad histórica, sino sobre judíos, judeoconversos y musulmanes en España como minorías.

1.5. El posfranquismo en la historia de España: los judíos como minoría

La historiografía posfranquista produce una gran cantidad de literatura histórica centrada en la compresión del fenómeno converso y de la exclusión. Estos estudios traen consigo una nueva controversia que viene a ser la transformación del anterior debate entre Américo Castro y Sánchez Albornoz: una defiende la

---

[73] Ibíd., prefacio.

[74] Castro, Américo. *La realidad histórica de España*, 9ª ed. Porrúa, México, 1987, pp. 578-79.

idea de que los herejes judeoconversos y moriscos fueron una construcción discursiva de la Inquisición, mientras que otros asumen el criptojudaísmo como una realidad histórica.

Dentro de la perspectiva que considera a los judíos como minoría se encuentran autores como Antonio Domínguez Ortiz,[75] quien describe una España plural, no sólo edificada en Castilla sino a través de la contribución (no exenta de enfrentamientos) de los diversos pueblos que la componen: España no es una esencia sino una construcción histórica, el producto de un proceso de encuentros y desencuentros.[76] Es un mosaico donde "no hay un arquetipo definido y definitivo de lo hispánico, los estratos diversos de lo español han ido alterándose un poco cada día, forjándose muy despacio al correr de los siglos".[77]

En su trabajo *Los judeoconversos en España y América* Domínguez Ortiz hace un estudio de los descendientes de los judíos que se convirtieron al catolicismo. Afirma que la existencia de los conversos, más que la de los propios judíos, hizo parte de la vida española durante siglos y constituye uno de los rasgos más significativos de la historia de España.[78] Pese a su condición, esta minoría, como él mismo la describe, no estaba al margen de la sociedad ni de la economía de la península.

En esta escuela de pensamiento también encontramos a Julio Caro Baroja, quien empieza, al igual que sus antecesores, estudiando la evolución cultural que se produce con el paso de la Edad Antigua a la Edad Media, aduciendo que el proceso de romanización fue lento y siguió su curso natural hasta el año 711. Pero el hecho que determinará la definitiva configuración de España será la invasión musulmana, que divide el territorio en dos grandes zonas: una, en la que la ocupación no tuvo grandes consecuencias directas debido a que los

---

75 Con relación al tema de los conversos, Antonio Domínguez Ortiz, con sus obras *Los judeo conversos en España y América* y *Los judeo conversos en la España moderna* lo ha trabajado desde la perspectiva de los aportes y el papel desempañado por dicho grupo. En esta misma línea se encuentra Julio Caro Baroja, que trabaja el tema en su obra *Los judíos en la España moderna y contemporánea*, publicado en 1962.

76 Cfr. Pastor de Tognery, Reyna. Claudio Sánchez Albornoz y sus claves de la historia medieval de España, en *Revista de Historia Jerónimo Zurita*, ISSN 0214-0993, nº. 73, 1998, pp. 117-32. Consultado en http://ifc.dpz.es/recursos/publicaciones/23/05/_ebook.pdf, p. 126

77 Citado por Lafaye, Jacques. La imagen del pasado en la España moderna. Consultado en: http://cvc.cervantes.es/obref/aih/pdf/06/aih_06_1_113.pdf30, de Domínguez Ortiz, Antonio. *Sociedad y Estado en el siglo XVIII.*

78 Domínguez Ortiz, Antonio. *Los judeo conversos en España y América.* Editorial Istmo, Colección Fundamento, nº. 11, Madrid, 1971, pp. 11-13

asentamientos árabes fueron breves o inexistentes, y otra, en la que los árabes se asentaron durante siglos.[79]

Posteriormente, la obra de Caro se enfocará en el tema judío. En sus obras *Los judíos en la España moderna y contemporánea* –cuyos protagonistas son el cristianismo, la Santa Inquisición y los judíos– y *Los moriscos en el reino de Granada,* el autor no ve el catolicismo español como el único pilar de la unidad española; por el contrario, reconoce que junto a él existieron otras formas religiosas y culturales que forjaron lo hispánico.

En este sentido, Domínguez y Caro Baroja le dan a la minoría judía un significado y un lugar en la historia de España, y con ello crean una ruptura con la concepción que ubicaba al cristianismo como el sostén de lo hispánico.

Para Eloy Benito Ruano, el tema de los conversos es reciente, si se tiene en cuenta que Castro y Domínguez[80] empezaron a estudiarlo durante la segunda mitad del siglo xx. El cambio fundamental es la perspectiva desde la cual este autor aborda el tema, teniendo en cuenta la "pluralidad étnico-religioso-cultural de la sociedad hispánica del medievo, existiendo dentro de la misma una coexistencia y convivencia perdurables en un mismo territorio y bajo unas mismas estructuras políticas de núcleos raciales y confesionales diferentes".[81]

Al romperse esta coexistencia en el siglo xv –dice Eloy Benito Ruano– se va a generar otro fenómeno tan importante como el mismo "problema judío": el de las conversiones. Es así como el problema no desaparece, sino que se transforma, dando origen a una nueva comunidad, la de los conversos. La transformación del problema radica en el surgimiento de "una nueva discriminación, primero instintiva, más adelante jurídicamente positiva, entre cristianos viejos ('limpios', 'lindos', 'rancios') y nuevos ('conversos', 'confesos', 'maculados', 'marranos')".[82]

---

79 Cfr. Paniagua Paniagua, Juan Antonio. Extremadura en la obra etnohistórica de Julio Caro Baroja, en *Revista de Estudios Extremeños,* ISSN 0210-2854, vol. 58, nº. 3, 2002, pp. 901-40. Consultado en: http://dialnet.unirioja.es/servlet/busquedadoc?t=la+obra+de+julio+caro+baroja&db=1&m=0&td=todo&idi=0&fi=&ff=&n=50 pp912.

80 Castro, bajo la forma de consideración global, directa, de la que en un principio llamara 'clase social' de los conversos, y Domínguez, señalándolo en múltiples aspectos 'del vivir hispánico' y haciendo de él clave esencial, casi única, explicativa del sentido de nuestra historia moderna. Cfr. Benito Ruano, Eloy. *Los orígenes del problema converso.* Edición corregida y aumentada. Real Academia de Historia, Madrid, 2001, p. 2.

81 Cfr. Benito Ruano, Eloy. Ob. cit., p. 5.

82 Ibíd., p. 10.

Son estos estudios los que abren espacio para estudiar el fenómeno de lo converso y la exclusión, el cual no puede explicarse por fuera de la Inquisición. Se debe anotar que el tema ya había sido abordado por autores como Castro y Menéndez Pelayo, cuyas hipótesis apuntaban a que estas muestras de exclusión, manifestadas en la limpieza de sangre, no eran de origen cristiano sino, por el contrario, judío.

Otros autores, sin embargo, consideran la limpieza de sangre[83] como una respuesta del cristianismo étnico: "como la sinceridad de la conversión era indiscutible, el antijudaísmo católico tuvo que buscarse un aliado en la concepción racista de la creencia, optaron por la teoría del linaje, como si la fe se heredara con la sangre. Para con ello segregar a los judíos conversos, los católicos levantaron la limpieza de sangre".[84]

A partir de los estudios sobre judeoconversos, comienzan a publicarse una serie de trabajos históricos sobre judíos y criptojudíos en el Nuevo Mundo. De igual manera, en los últimos años, el interés por los estudios sobre memoria e identidad ha conducido al surgimiento de nuevos enfoques donde las articulaciones entre memoria e historia han contribuido a sacar a la luz matices identitarios que, debido a las generalizaciones que caracterizaban a los estudios históricos tradicionales, habían permanecido ocultos.

Estos nuevos abordajes han permitido visibilizar las tensiones y articulaciones que se producen entre historia, memoria e identidad a la hora de investigar sobre la hispanidad de los judíos. Es bajo esta perspectiva que se sitúa el presente estudio. Por consiguiente, no se pretende establecer una identidad o mentalidad hispánica o sefardí, sino discernir, a través de las prácticas y las representaciones incorporadas en la memoria de los sefardíes en Colombia, los diversos matices de sus identidades múltiples.

---

[83] Aparecen los Estatutos de Limpieza de Sangre, con los cuales se limitaban ciertos derechos personales a aquellas personas que aunque cristianas, no pudieran probar su ascendencia cristiana.

[84] Mate Reyes. *El judaísmo en Iberoamérica.* Trotta, Madrid, 2007, p. 18.

Capítulo 2
Aproximación histórica: itinerario de los sefardíes de España a Colombia

2.1. Los judíos en España

Muchos son los mitos que circulan con respecto a la llegada de los judíos a la península Ibérica. Algunos incluso los ubican mucho antes de la llegada de los visigodos.[85] Se destacan los autores de origen judío, como Isaac Abrabanel,[86] quienes consideran que su llegada al territorio español se había producido en la época de los fenicios y los cartaginenses. Otra teoría ubica dicha llegada en la época de Nabucodonosor,[87] durante sus conquistas en África; sin embargo, es poco probable que el rey babilonio trajese con su ejército a sus molestos enemigos y aún más que dejase en manos de ellos las tierras que con la sangre y trabajos de su propio pueblo había conquistado.[88]

De acuerdo con los datos arqueológicos, los judíos llegan a la Hispania romana tras la destrucción del Segundo Templo en el 70 d.C. y, desde ese momento hicieron de Sefarad su hogar. Allí floreció una brillante cultura, pero con el pasar del tiempo, el lugar que los acogió transformó la tolerancia en rechazo, para

---

85 Los judíos españoles de la época medieval también remontaban sus orígenes a períodos anteriores a Cristo. Estas leyendas se entretejieron con el fin, por un lado, de reivindicar el derecho de permanencia de los judíos en territorio español y, por otro, para demostrar que ellos no participaron en la muerte de Cristo (ver capítulo 3).

86 Ver capítulo 1 de la segunda parte.

87 Muchos autores judíos, como Abraham ben David, prefieren ubicar la llegada de los judíos en esta época para librar a los judíos españoles del estigma de haber crucificado a Jesús. Ver: Cantera Montenegro, Enrique. La historiografía hispano-hebrea, en *Espacio, Tiempo y Forma*, Serie III, Historia Medieval, nº. 15, Universidad Complutense de Madrid, 2002. Sin embargo, la presencia judía en España está documentada a partir del año 314 en los documentos del Concilio de Elvira donde se dictan las normas represivas contra las relaciones hispanojudías. Posteriormente, Recaredo III restablece estas normas contra los judíos.

88 De Castro, Adolfo. *Historia de los judíos en España.* Cádiz, 1847.

luego dar paso a la expulsión. Sin embargo, España dejaría una huella profunda en los judíos. Según el historiador Enrique Cantera Montenegro, "ninguna de las diásporas judías acaecidas en otras diversas áreas geográficas europeas generó un sentimiento de recuerdo tal hacia la tierra que se veían obligados a dejar y un orgullo del origen hispano, en el convencimiento de la superioridad teológica y cultural del judaísmo sefardí sobre el Ashkenazí".[89]

Durante el dominio romano los judíos eran una comunidad más en Hispania: vivían en ciudades y aldeas, cultivaban la tierra y participaban activamente en la política y el comercio. Esto indica que gozaban de cierta estabilidad y seguridad, que fue disminuyendo con la ascensión política y religiosa de los cristianos en Roma. Es en este momento cuando tienen lugar las primeras muestras de antisemitismo.[90]

Con posterioridad, los reyes visigodos gobernaron la península a partir del siglo VI, y durante los primeros años de su gobierno fueron tolerantes con respecto a la religión, pero en 589 aparece una legislación que restringe los vínculos entre las comunidades judía y cristiana.[91] Esto da lugar a algunas conversiones de comunidades judías al cristianismo, pero también a rencillas entre las dos comunidades.

Dichas discrepancias habrían de terminar con la llegada de los musulmanes en el siglo VIII, pues estos les concedieron a los judíos el rango de *dimmies*,[92] con el cual podían vivir pacíficamente y conservar su religión. Este evento marca el comienzo del período de coexistencia religiosa en España.

Los árabes que llegaron a la península denominaron Al-Andalus tanto a los territorios conquistados por ellos como a los dominados por los cristianos: "Vivieron también en Al-Andaluz numerosos judíos descendientes de los que ya estaban en Hispania desde siglos anteriores, acogiéndose a la tolerancia Islámica. Aquellas formas de respeto y tolerancia generaron en la Córdoba de los Emires

---

89 Cantera Montenegro, Enrique, "La historiografía hispano-hebrea...", cit., p. 17.

90 Cfr. Kenig, Evelyne. *Historia de los judíos españoles hasta 1492*. Paidós, Madrid, 1995, p. 43.

91 El rey visigodo Recaredo III restableció algunas de las normas represivas que se habían promulgado en el año 314 contra los judíos en el Concilio de Elvira. Dentro de los puntos que se trataron en dicho concilio se dispuso la separación de las comunidades judías que había en España; también se impusieron estrictas prohibiciones para alejar a los cristianos del ambiente judío.

92 *Dimmi* significa 'protegido' y es la condición que, según el Islam, deben tener las comunidades judías y cristianas en una sociedad islámica.

y califas un ambiente muy rico y fructífero que continuó en el siglo XI bajo los Taifas".[93] Esta época podría considerarse como la 'edad de oro' de las comunidades judías ya que "aumentó la afluencia de inmigrantes de procedencias muy diversas, entre otras el norte de la Península, de África del Norte y del oriente musulmán",[94] lo que favoreció que se levantaran las grandes juderías como las de Córdoba y Granada y la comunidad creció en número y fue protagonista directa del período de mayor esplendor cultural en la historia de la península.[95] Este panorama habría de cambiar por la acción de varios factores que se muestran a continuación.

En el siglo XI España fue tomada por los almorávides[96] y la tolerancia empezó a disminuir. Muchos autores afirman que es este el momento en el cual "España toma conciencia de su vocación y se desprende de la órbita cultural musulmana, para volverse europea".[97] Esta idea fue la que sustentó el proceso de reconquista, que era a su vez un proyecto de cristianización, a la que también contribuyeron "las inmigraciones masivas de los ultramontanos, príncipes, caballeros, monjes, burgueses y labriegos que inundaron España durante el último tercio del siglo XI, y la intensificación paralela de los peregrinajes a Santiago de Compostela, difundieron en la tierra española las ideas, los sentimientos, las prácticas, las instituciones, las costumbres, las formas literarias, etc., de allende de los Pirineos".[98] Pero, de acuerdo con Poliakov, esta nueva España que se estaba gestando aún no veía en los judíos un enemigo, sino, por el contrario, un aliado para su lucha contra estos nuevos invasores: "es cierto que en los comienzos de la Reconquista este clero no se preocupaba mucho de los judíos, y no sentía

---

93 Kenig, Evelyne. Ob. cit., p. 99.

94 Beinart, Haim. *Los judíos en España*. Mapfre, 1992, p. 52.

95 En efecto, fueron innumerables los aportes intelectuales de los judíos a la cultura hispánica en diversos campos. Es grande la lista de poetas, filósofos, médicos, traductores, filólogos, gramáticos que enriquecieron el panorama cultural hispánico hasta 1492.

96 Los amorávidas fueron guerreros religiosos islámicos del sur del Sahara que conquistaron España en el año 1086 e implantaron un Islam ortodoxo en Al-Andalus como reacción a la relajación de las costumbres islámicas y la tolerancia religiosa que se había presentado en la península con la anuencia de los gobernantes musulmanes.

97 Poliakov, León. *Historia del antisemitismo de Mahoma a los marranos*. Muchnik Editores, España, 1986, p. 157.

98 Sánchez Albornoz. "España un enigma histórico...", cit., tomo I, p. 328.

inquietud alguna por la prosperidad del pueblo [...] por lo demás útil en la lucha contra los moros".[99]

Entretanto los judíos evitaron los lugares donde los almorávides se establecieron y por ello se dispersaron hacia otras zonas de la Península, pero la situación se radicalizó con la llegada de los almohades,[100] quienes iniciaron las conversiones forzadas. Esto precipitó la participación de los judíos en el proceso de reconquista, en la cual algunos de los príncipes cristianos encontraron la ayuda necesaria para su proyecto, ya que la estrategia militar se apoyaba en los informes provenientes de los judíos. Otro de los factores que contribuyeron a esta alianza fue que muchos de ellos habían sido funcionarios de las antiguas administraciones musulmanas y podían servir ahora a los cristianos, de tal manera que los judíos empiezan a formar parte de la estructura administrativa de lo que más adelante sería la España cristiana.

En 1242, gracias al apoyo del papa Inocencio IV, dominicos y franciscanos obtuvieron del rey la autorización para predicar en las sinagogas, lo que generó escándalos y enfrentamientos.[101] Ya en el siglo xiv, el antisemitismo empieza a adquirir más fuerza en la península: en 1348 se acusó a los judíos de ser portadores y propagadores de la peste negra en Europa, debido a que esta enfermedad diezmó a gran parte de la población cristiana, mientras que los judíos la padecieron en menor medida. Con la peste llegaron las hambrunas y la pobreza al territorio español, acrecentándose aún más los resquemores y la discriminación hacia la comunidad judía, que gracias a sus redes sociales, al hecho de atesorar sus riquezas en forma de joyas y piedras preciosas, se veían menos afectados por las vicisitudes. Estos resquemores produjeron y fueron a su vez acrecentados por el surgimiento de una amplia mitología cristiana relativa a que los judíos eran descendientes de Caín y que en su condición de portadores del estigma de la maldad celebraban rituales que incluían asesinatos de recién nacidos y todo tipo de vejámenes. Esta situación coincide en parte con los inicios de una construcción identitaria hispánica basada en la demonización del 'otro'. Tanto el judío como el 'moro' comienzan a ser representados como la personificación del mal,

---

99 Poliakov, León. Ob. cit., p. 157.

100 Los almohades son una dinastía musulmana de origen bereber que conquistó parte del territorio español en el año 1145. Este grupo, de tendencia fuertemente ortodoxa, buscó combatir a los almorávidas que, para esta época, habían venido relajando su antiguo rigor en la práctica del Islam.

101 Poliakov, León. Ob. cit.

mientras que el cristiano, el 'nosotros' se representa como la materialización de las virtudes y cualidades que constituían la realización del deber ser cristiano.[102]

Finalmente, todo este resentimiento de la población cristiana hacia los judíos confluyó en el asalto de la judería de Sevilla en 1391, en el que los pobladores que no fueron asesinados fueron forzados a la conversión. Este episodio desencadenó situaciones similares en otras juderías como las de Castilla, Cataluña y Valencia, marcando una época de conversiones en masa. A partir de entonces se empezó a decir que la mayor parte de los males que enfrentaba el reino se desprendían de la presencia judía:

> A causa de la gran libertad y poder concedidos a los enemigos de la fe, especialmente a los judíos, en todo nuestro reino, en la casa real como en las de los caballeros, de los caballerizos reales y de los nobles y a causa de los grandes cargos y honores con que se los distingue, todos los cristianos les deben obediencia y temor y la mayor consideración, de modo que los consejos de todas las ciudades y de todos los lugares y toda persona están prisioneros de los judíos y sometidos a ellos, ya debido a todos los honores que les son rendidos en la casa real y en las casas de los grandes, ya debido a las rentas y cargos que tienen, por lo cual susodichos judíos, hombres malvados y temerarios, enemigos de Dios y de toda la cristiandad, causan impunemente muchísimos males y siembran la corrupción de manera que la mayor parte de nuestro reino se ve pisoteada y arruinada por los susodichos judíos, para desprecio de los cristianos y nuestra fe católica.[103]

Las épocas siguientes no fueron más alentadoras para la poca población judía que aún permanecía en el territorio y que mantenía intacta sus creencias, pues con la llegada al trono de los reyes católicos y su proyecto de nación española enmarcado en la unidad lingüística y religiosa, la situación se hizo más precaria. En 1492 se produjo el edicto de expulsión de los judíos,[104] con el que "terminó"

---

[102] García, María del Rosario. *Identidad y minorías musulmanas en Colombia*. Editorial Universidad del Rosario, Bogotá, 2007, p. 26.

[103] Poliakov, León. Ob. cit., p. 165.

[104] Antes de que se produjese el Edicto de Expulsión, en Castilla se habían establecido restricciones contra los judíos. Un ejemplo de estas fue un decreto real titulado "Ordenamiento sobre el encerramiento de los judíos e de los moros". En 1415 apareció la bula del Papa Benedicto XIII donde se buscaba separar a judíos de cristianos. Estas medidas habrían de terminar con el referido Edicto de Expulsión, del 31 de marzo

la presencia judía en España, aunque no su influencia y legado, pues la expulsión de los sefardíes coadyuvó a que lo hispánico se extendiera por el resto de Europa debido a que, como lo afirma Américo Castro, para el siglo xv los judíos españoles se sentían tan españoles como los cristianos.

Los judíos sefardíes tuvieron que convertirse o dejar el territorio, y en estas circunstancias muchos prefirieron la conversión antes de dejar Sefarad: "una nación entera fue forzada a convertirse y abandonar su fe ancestral sus miembros tuvieron que transformarse en buenos cristianos de la noche a la mañana".[105] Las conversiones dieron origen así a los conversos y también a los 'marranos', que no eran otra cosa que ex judíos cristianizados que secretamente regresaban a sus orígenes y continuaban profesando su antigua fe; otros, sin embargo, ante las presiones, terminaron abandonando su patria para establecerse en diferentes territorios.

Un gran porcentaje de los judíos expulsados de España partieron a Portugal, donde sólo pudieron permanecer hasta 1496, pues tras acordarse el matrimonio del rey Manuel I de Portugal con la hija mayor de los reyes católicos, estos condicionaron la unión a la expulsión de los judíos. Así fue como los judíos también tuvieron que abandonar Portugal, huyendo, en gran medida, hacia Holanda, que para ese momento era el epicentro de la tolerancia religiosa, y hacia otros lugares donde pudieran instalarse. "Durante los siglos xv y xvi la diáspora de los sefardíes tomó diferentes rumbos: norte y sur de Francia, Italia, Cerdeña y Córcega, Grecia y los Balcanes. Por el Sur se dirigieron a Argel, Tánger, Tetuán, Túnez y Egipto. Por el Este llegaron a la zona de Turquía y a Siria y Palestina".[106] De esta migración surgieron unas de las comunidades más numerosas e importantes, las establecidas en la ciudad de Salónica en Grecia y de Estambul en Turquía, donde aún hoy se habla el ladino o judeo-español.[107]

---

de 1492, que daba a lo judíos un plazo no mayor a tres meses para recoger sus cosas y marcharse del territorio español y sacar sus bienes, siempre y cuando estos no fueran oro o plata. Cabe resaltar que en otros lugares de Europa también se había expulsado a los judíos (Inglaterra en el siglo xii y Francia en el siglo xiv).

105 Beinart, Haim. Ob. cit., p. 182.

106 Pérez, Joseph, *Los judíos en España*. Marcial Pons Historia, Madrid, 2005, p. 221.

107 Dentro del Imperio Otomano los judíos sefardíes y sus descendientes prosperaron de manera vertiginosa gracias a que las leyes imperiales les permitieron por casi cinco siglos de permanencia su práctica religiosa sin discriminación alguna. Bajo la protección del Imperio Otomano, dentro de las comunidades sefarditas las personas nunca perdieron la conciencia de transitoriedad y siguieron formulando sus contratos matrimoniales –ketubás– con arreglo a las leyes de Castilla, continuaron rezando en judeo-español o ladino y pudieron trasmitir su lengua española, de generación en generación, hasta nuestros días.

Estos factores terminaron por dar origen a la llamada nación judeo-española o sefardí, una nación conformada, como se mencionó anteriormente, por tres tipos de personas: los que se habían convertido por miedo y como único medio para salvar la vida; los que adoptaron la fe cristiana sin demasiada resistencia, porque ya desde antes sus valores judíos se tambaleaban y en el bautismo veían la solución más cómoda a una situación apremiante; y los que consiguieron sobrevivir a la tormenta manteniéndose fieles al judaísmo. Fue esta coexistencia entre conversos y judíos la que no sólo dio origen a dicha nación, sino la que pese a todo, la distancia y el paso de los años, conservó gran parte de su tradición:[108]

> Conservaban las costumbres domésticas españolas, la cocina, los romances y canciones y muchos de ellos incluso las llaves de las casas de Toledo, Segovia, Murcia etc., que tuvieron que abandonar en 1492. Han mantenido celosamente su tradición, sin que la presencia de una mayoría asquenazita o la convivencia con distintos pueblos y razas haya podido absorberlos ni hacerles perder su identidad. Hablan un español muy sabroso, un poco arcaico, pero compresible a cualquier español. [109]

Al mismo tiempo,

> detrás de la tragedia los cambios operados en la península modifican el panorama geopolítico y económico; la instalación de los judíos en el Mediterráneo Oriental, les permite en adelante intervenir en los tres ejes de las rutas comerciales, (España, Portugal y el Imperio Otomano). Desde entonces tanto judíos como conversos van a participar en el comercio a larga distancia. El aporte sefardí en esta área es único, y se da gracias a sus redes desplegadas en todos los territorios ya mencionados.[110]

---

108 Cfr. Avni, Haim. *Judíos en América cinco siglos de historia*. Mapfre, Colección América, Crisol de Pueblos, Madrid, 1992, p. 25.

109 Besso V., Henry. Causas de la decadencia del judeo-español. Consultado en: http//:cvc.cervantes.es/obref/aih-02-1-015.pdf, p. 2.

110 Escobar Quevedo, Ricardo. *Inquisición y judaizantes en América española siglos XVI y XVII*. Editorial Universidad del Rosario, Colección de Textos Escuela de Ciencias Humanas, Bogotá, 2008, p. 39.

Pero hay que decir que no fueron sólo los judíos quienes sintieron el peso de la expulsión: también España misma sintió su ausencia, pues sin los judíos perdió una gran parte de los miembros más destacados en campos como la filosofía, la medicina, el comercio y las finanzas, entre otros; este efecto se sentiría hasta muchos años después.

Para los sefardíes, este exilio se sintió como una tercera diáspora: los desterraron de su hogar pero nunca pudieron romper su vínculo con España, lo que tuvo como resultado para estos migrantes el comenzar "una vida llena de sobresaltos y ocultamientos, un esfuerzo continuo por simular lo que no se es, la dolorosa sensación de ya no estar en ningún sitio, el signo inequívoco del judaísmo español; un judaísmo que conoció una época maravillosa en la que supo hundir sus raíces en lo más profundo del suelo ibérico, raíces que le permitieron sostener aún en el exilio la fidelidad a una lengua y a una cultura.[111] Así, el judío español dejó en algunos casos de ser judío, pero jamás dejó de ser español, entre otras cosas porque los sefardíes van a mantener su vínculo con Sefarad, construyendo un tipo de identidad diferenciada dentro del judaísmo y, por momentos, incluso, por fuera de él.[112]

Sería esta la particularidad más admirable de esta comunidad: "por más de que fueran judíos, cristianos o sinceros incrédulos, los marranos seguían siendo especialmente españoles, a pesar de todas las tribulaciones pasadas; como si al ser objeto de sospecha y de discusión en cualquier lugar que se estableciesen, hubiesen decidido mantener su identidad más durable y profunda".[113] Pues al salir de España a lugares tan diversos y diferentes, no sólo se llevaron consigo las costumbres, la tradición y la lengua de la que fuera su patria, sino que también las difundieron de manera perdurable, trasladando y conservando a través de los siglos, con ellos, rasgos indiscutibles de su origen tanto español[114] como judío, que los identifican como sefardíes en el exilio:

---

[111] Cfr. Reyes Mate y Forster, Ricardo. *El judaísmo en Iberoamérica.* Trotta, Madrid, 2007, p. 229.

[112] Asenjo, Rosa. España y los sefardíes. El desastre del 98, en *El Avenir*. Consultado en http//: sefarad. resivstas.csic.es/index, p. 4.

[113] Poliakov, León. Ob. cit., p. 259.

[114] Uno de los factores que muestra este estrecho vínculo que crearon los judíos con Sefarad es la conservación del judeo-español o ladino como lengua franca, puesto que en todos los lugares donde se establecieron se siguió utilizando esta lengua para comunicarse, no sólo entre los sefardíes de un mismo territorio, sino también con los de otros territorios. Este hecho, que continúa siendo una de las características más sorprendentes, puede entenderse gracias a dos condiciones: la primera, el sentimiento de pertenencia

> así una España judía se perpetuaba fuera de España. En las calles de Salónica, de Livorno o de Ámsterdam se oía sobre todo el castellano. También era el castellano escrito en caracteres latinos o hebreos, el idioma que empleaban los marranos en sus cartas o en los libros que publicaban [...] esta secular fidelidad al idioma español –que llegó a ser el ladino de los sefardíes no es el único testimonio ni el más notable, de su profunda hispanidad.[115]

En España, "el cristianismo no fue más que un signo externo de identificación con todo lo español y, además, el medio para lograr la creación de una España unificada".[116] Pero existía una confluencia de religiones y culturas que fueron parte también de esa amalgama identitaria española y que dieron origen a las múltiples formas de la hispanidad.

2.2. La ruta del exilio, los judíos en América

Lejos de su tierra los sefardíes se convirtieron en una España itinerante que ha conservado con inigualable celo el legado cultural y lingüístico de sus antepasados.

Príncipe de Asturias, Acto de la Concordia, 1990

Existen muchos mitos acerca del momento exacto en el que los judíos llegaron a América. Uno de los que más eco ha tenido es el que afirma que las tribus perdidas de Israel llegaron a esas tierras mucho antes del llamado 'Descubrimiento'. Algunos autores afirmaron incluso que lo indígenas americanos eran descendientes de hebreos y vieron en muchas de sus costumbres un cercano parentesco con el pueblo de Israel. Estas afirmaciones, sin embargo, no fueron más que hipótesis carentes de fundamento y hasta la fecha no existe ningún registro o evidencia documental o arqueológica que lo compruebe.

La llegada de los judíos a América se produce con la expulsión de España en 1492 y Portugal en 1496, por distintas razones; la coincidencia de fechas entre el momento de la expulsión de España y el descubrimiento de América, suponía

---

que tenían los judíos hacia España por considerarla su hogar, y el segundo, la necesidad de conservar su identidad a través de elementos comunes como la lengua y, por supuesto, la religión.

115 Poliakov, León. Ob. cit., p. 259.

116 Beinart, Haim. Ob. cit., p. 183.

que algunos judíos y conversos hicieran de estos territorios su nuevo hogar. Es entonces cuando América, al igual que Holanda, se muestra como una solución; muchos judíos lograron entonces llegar al Nuevo Mundo:[117] "Durante la factoría colombina no había casi restricciones religiosas que afectaran la emigración",[118] lo que facilitó el embarque de conversos y judíos hacia el Nuevo Mundo.

Sin embargo después del primer viaje se impusieron ciertas restricciones para la migración: "se restringía la emigración de personas sospechosas en la fe, como los moros, herejes, judíos, reconciliados y personas nuevamente convertidas, salvo cuando eran esclavos que habían nacido en poder de cristianos." [119]

A partir de 1552 los documentos exigidos para poder emigrar a las Indias obtuvieron su forma definitiva. Los certificados de limpieza de sangre tenían que probar que el pasajero a Indias no era descendiente hasta segundo grado ni de judíos ni de musulmanes recién convertidos al catolicismo, ni de un condenado por la inquisición, ni que tuviese que emigrar para evadir pleitos pendientes ni para escapar de deudas contraídas.[120] Fue la Casa de Contratación de Sevilla la encargada de otorgar las licencias para emprender el viaje, tras verificar que la persona cumpliera con estos requisitos. Pese a esto, los judíos lograrían alcanzar América por diferentes medios.

En el período comprendido entre 1516 y 1556 se produjo una gran oleada migratoria desde la península, pues durante el reinado de Carlos V[121] se promovieron las migraciones al Nuevo Mundo por dos motivos principales: por un lado, para fomentar el comercio; por otro, para poblar los territorios de ultramar.

---

[117] Los judíos sefardíes que llegaron a América pueden dividirse en dos grupos: uno de inmigrantes de los países del Imperio Otomano, es decir, del Norte de África, del Medio Oriente o de los países balcánicos durante la segunda y tercera década del siglo xx. Este grupo representa la mayoría de las comunidades que existen hoy en América Latina. Colombia no es la excepción; muchas de las familias sefardíes que están establecidas en el país provienen de alguno de estos lugares. El segundo grupo de sefardíes migraron entre los siglos xv y xviii y está integrado por inmigrantes de Europa occidental, descendientes directos de los judíos de la península Ibérica que emigraron a Holanda y posteriormente a las colonias de la casa de Orange en el Caribe y de donde saldrían hacia el resto de América.

[118] Jacobs, Auke P. *Los movimientos migratorios entre Castilla e Hispanoamérica durante el reinado de Felipe III 1598-1621.* Ed. Rodopi, Ámsterdam, 1995, pp. 34-35.

[119] Ídem.

[120] Ídem.

[121] Haring, Clarence H. *The Sapanish Empire in America,* p. 29 (citado en *Los Judíos en México y América Central (fe, llamas e inquisición),* de Seymour B. Liebman, p. 42).

Paradójicamente, también se reforzaron las restricciones ante judíos y cristianos nuevos, como lo muestra la Real Cedula de Valladolid, de septiembre de 1522.

Sin embargo, para estos judíos era suficiente la voluntad y el deseo de dirigirse hacia el Nuevo Mundo, puesto que lograban conseguirlo a través de falsas identidades y permisos de embarque o sobornando a algunos funcionarios. También fue común que quienes no contaban con recursos suficientes para llevar a cabo esta empresa decidieran "enrolarse como marineros o soldados en una armada y, una vez llegados a América, desertar y perderse en este inmenso continente".[122]

2.2.1. Los conversos: entre el judaísmo pleno y el catolicismo impuesto

La presencia judía en el Nuevo Continente y el fervor religioso en España, sumados a "los primeros informes que enviaban del Nuevo Mundo las autoridades civiles y eclesiásticas que mostraban el evidente temor frente al peligro de difusión de las heréticas que en este momento estaban vinculadas al judaísmo",[123] hicieron que las políticas implementadas por la corona en sus posesiones de ultramar fueran también restrictivas en cuanto a la presencia de judaizantes y criptojudios. Por ello se implementó en América el Tribunal del Santo Oficio,[124] cuyo propósito era identificar a quienes continuaban en secreto practicando su antigua fe.

Todo esto hizo común que aun al interior de las comunidades se conformara una suerte de 'espías' que se encargaban de hacer las denuncias contra aquellas personas que continuaban judaizando en secreto, o en el peor de los casos denunciaban por el simple deseo de incriminar a las personas, incurrieran o no en el delito, por venganzas o rencillas personales.

Con esto la relativa calma y la tolerancia de que habían gozado los conversos en este territorio se vieron trasgredidas: "El converso vivía en una constante zozobra, deseaba volver a su religión y esperaba constantemente un milagro. Su vida estaba llena de angustia y temía ser descubierto por llevar aún los ritos de su antigua fe, sentía un gran temor a Dios por estar pecando en su ley y ser cristianos en las apariencias".[125]

---

122 Domínguez Ortiz, Antonio. "Los judeo conversos en España y América...", cit., p. 131.

123 Escobar Quevedo, Ricardo. Ob. cit., p. 44.

124 En España la Inquisición se estableció a través de la bula papal expedida por Sixto VI en 1478 e inició actividades el año de 1480 en Sevilla.

125 Gojman Goldberg, Alice. *Los conversos en la Nueva España.* Universidad Autónoma de México, México, Acatlan, s.f., p. 73.

La actividad del Santo Oficio afectó tanto a aquellas personas que se convirtieron de manera forzosa al cristianismo y continuaron profesando su antigua fe, como a quienes habían acogido el catolicismo de manera sincera, pues ahora eran vigilados no solamente por parte de señores inquisidores, sino también por miembros de su propia comunidad.

En sus albores la Inquisición tenía presencia en el Nuevo Mundo a través de algunos delegados enviados y sujetos directamente al Tribunal español; sin embargo, hacia 1569 el rey Felipe II emitió un decreto para establecer tribunales de la Inquisición en las colonias, pues se creía que la presencia criptojudía en estas tierras era cada vez mayor y amenazaba el proyecto de nación española, planteado con anterioridad por los reyes católicos.

Ese mismo año se estableció el tribunal de Lima, cuya jurisdicción abarcaba también el sur de Argentina y Chile. Dos años más tarde se instauró el tribunal de México, y por último, en 1610, el de Cartagena, que abarcaba los territorios de la Nueva Granada y el Caribe. Puede decirse que durante las primeras décadas de la Inquisición en América no se produjeron muchos autos de fe y las condenas y juicios fueron pocos.

Según autores como Croitoru,[126] la presencia de la Inquisición en América, lejos de lograr su objetivo, contribuyó de manera indirecta a la continuidad de la tradición religiosa judía; los autos de fe y las denuncias hechas contra judaizantes eran leídas en detalle por los inquisidores para dar a conocer las prácticas que identificaban a los criptojudíos y con ello facilitar las denuncias. De manera paradójica, las lecturas públicas de estos documentos permitían no sólo las denuncias, sino que a su vez les mostraba a los criptojudíos que ya habían olvidado gran parte de su práctica y ritual religioso cómo llevarlos a cabo de manera apropiada. Así, la herramienta represiva, los edictos de fe promulgados por la Inquisición, se convirtieron en una de las formas a través de las cuales se mantenían las costumbres religiosas.

Es así como la Inquisición no alejó a los criptojudíos de sus prácticas, sino que, por el contrario, los acercó a ellas: "no tan fácilmente olvida el descendiente de judíos el apego que la tradición de la ley de Moisés inculca a su grey para la adoración del Dios único a través de milenios".[127] La tradición religiosa judía, lejos de desaparecer, se afianzó, pero continúo llevándose en el más estricto secreto.

---

126 Croitoru, Itic. *De Sefarad al neosefardismo.* Editorial Kelly, Bogotá, 1967, p. 136.

127 Cfr. Croitoru, Itic. Ob. cit., p. 136.

Sin embargo, afirman otros, fue precisamente "el prolongado ocultamiento forzado de la identidad judía a lo largo de todo el período colonial que dio como resultado la extinción paulatina de una presencia judía identificable como tal. Sería tan solo a partir de la época postcolonial cuando empezarían a darse las condiciones para el establecimiento de judíos en tierras hispanoamericanas".[128]

Si bien como consecuencia de la actividad de la Inquisición los judaizantes desaparecieron, perduraron algunas de sus tradiciones. Algunos autores incluso señalan que

> donde estas tradiciones cobraron más importancia es en la provincia de Antioquia en Colombia, y su capital, Medellín. El origen ibérico judío de los pobladores de esta riquísima y progresista comarca [...] Como argumento principal se esgrimía el carácter emprendedor de los antioqueños, su dedicación al comercio y la industria, su inclinación a las finanzas y su notable prosperidad económica. A estas características se sumaban los rasgos netamente semíticos que, según ellos se podían observar en los antioqueños, y al hecho de que tanto en sus nombres como en los de las localidades que poblaban abundaban las denominaciones bíblicas. De costumbres judaicas no se les adjudicaba más que el cubrir los espejos con telas negras cuando estaban de luto y que solían usar una vajilla especial en la cocina durante Semana Santa, tal y como lo hacen los judíos durante la pascua.[129]

Aunque durante algún tiempo las familias lograron mantener su práctica religiosa y ritual en secreto gracias a la endogamia, con la presencia de la Inquisición dicha práctica fue desapareciendo. Sin embargo, quedaron algunos rastros identificables de la presencia judía: "... de los primeros judíos sefardíes que emigraron hace siglos de la España de la Inquisición, la primera generación ha podido conservar, en el secreto de sus hogares, la fe y la tradición de la religión, los hijos y nietos de estos emigrantes olvidaron su origen [...], sin embargo aún sin saberlo conservaron dentro de su tradición muchas costumbres";[130] este es el legado que permite reconocer su presencia en los diferentes territorios.

---

[128] Shabot, Esther. *El judaísmo en Iberoamérica.* Trotta, Madrid, 2007, p. 125.

[129] Avni, Haim. Ob. cit., p. 48.

[130] Milhem, Marco. *Crónicas de la comunidad hebrea sefardí de Bogotá y aspectos de la vida comunitaria.* Arte Láser Publicidad, Bogotá, 2002, p. 15.

Quienes lograron establecerse en América mantuvieron tanto su identidad como sus prácticas religiosas en secreto. Es por esto que se dificulta hacer un seguimiento de estos primeros judíos americanos. Fueron la persecución y la necesidad de reiniciar sus actividades económicas lo que hizo que los primeros judíos viajaran al Nuevo Mundo, pero también hubo otras razones que los atrajeron; por ejemplo, las historias que circulaban en Europa sobre las fabulosas riquezas de las Indias. En los años subsiguientes, se les sumarían los nexos de afinidad familiar con los cristianos nuevos y criptojudíos ya instalados en el Nuevo Mundo para sustraerse a la severa vigilancia de su vida familiar por parte del Santo Oficio.[131] En todo caso, por las historias, por huir o por lazos familiares, muchos judíos se desplazaron a América y la convirtieron en su nuevo hogar.

Estos nuevos pobladores se dedicaron principalmente al comercio, y poco a poco fueron adquiriendo una posición económica relevante dentro de la sociedad. No obstante, cabe resaltar que "la impronta Sefardí, superó lo puramente mercantil para descollar en la vida cultural y social, y más tarde en afanes políticos reivindicadores, en la ruptura de monopolios conceptuales, en procesos independentistas, en contiendas por la disolución de imperios coloniales a ambos lados del Atlántico".[132] Dicha influencia era más notoria en aquellos lugares donde se formaron importantes núcleos de población judía.

En el siglo xvi arribaron los primeros judíos y conversos a Brasil. Dada la extensión de dicho territorio los controles ejercidos por la corona se dificultaban. Estos migrantes se dedicaron a la agricultura, especialmente al cultivo de la caña de azúcar, el algodón, tabaco y arroz. Su presencia inicial en esta zona se explica, primero, porque la corona de Portugal no prohibió durante un breve período el desplazamiento de cristianos nuevos a sus posesiones de ultramar. Es sólo hasta 1499 cuando Portugal empieza a exigir un permiso especial a los cristianos nuevos que se dispusieran a abandonar el reino. Otro hecho que favoreció el desplazamiento fue que los conversos sentían que en este territorio tan lejano podían practicar con cierta libertad su antiguo culto.

Una segunda oleada migratoria de sefardíes se produjo después de que Holanda logrará la independencia de España en 1581. Con ello los Países Bajos se

---

131 Croitoru, Itic. Ob. cit., p. 34.

132 Osorio Osorio, Alberto. Los judíos en la separación de Panamá de Colombia 1903, en *Revista Trimestral de la Asociación Israelita de Venezuela y del Centro de Estudios Sefardíes de Caracas*, julio-septiembre de 1998, p. 21.

convirtieron en un lugar que era el ejemplo de tolerancia religiosa, lo que motivó a los sefardíes a buscar refugio allí: "En el siglo XVII Ámsterdam, la metrópoli comercial de Occidente, era la sede de la colonia marrana más importante de Europa [...] mantenían estrechos vínculos con el Nuevo Mundo, ya con sus colonias, ya con las posesiones españolas, donde tantos de sus hermanos trataban por entonces de hacerse olvidar".[133]

La comunidad judía de Ámsterdam se estableció en 1639, y las tres comunidades ibéricas se unirían en la denominada Talmud-Torah. De ahí provienen las primeras comunidades que llegan al Nuevo Mundo: Recife, Curazao, Barbados, Surinam y Martinica.[134] Así, la nueva oleada de sefarditas, esta vez provenientes de Holanda, empieza a emigrar a otras tierras americanas como Recife y Pernambuco. Estas comunidades, al igual que las primeras que llegaron a Brasil, se dedicaron a la agricultura y también al comercio.

En Curazao se estableció de manera oficial la primera comunidad, compuesta por cincuenta miembros, a mediados del siglo XVII. Después de 1660 fueron llegando allí en forma continua judíos provenientes de Holanda.[135] Curazao se convirtió en una reproducción de Ámsterdam, donde los judíos tenían libertad para profesar su culto sin temor alguno.

Una de las primeras actividades que llevaron a cabo estos migrantes, al igual que sus antecesores, fue la agricultura, pero para el siglo XIX ya eran propietarios de terrenos y se dedicaban a otras actividades como el comercio, las importaciones y las exportaciones. Los judíos fueron entonces parte importante del desarrollo de Curazao como uno de los principales puertos comerciales del Caribe.

Para 1693 se había establecido una pequeña comunidad judía en Venezuela, que contaba con la ayuda de los judíos de Curazao. Incluso se afirma que esta comunidad era la que se encargaba de dirigir el comercio marítimo del territorio, lo que le acarreó problemas con los españoles, quienes detentaban un "monopolio" comercial. Fueron las redes comerciales de los judíos curazoleños las que establecieron las primeras relaciones con los territorios del norte de Sur América, lo que posteriormente permitiría el desplazamiento de los miembros de esta comunidad a esos territorios.

---

133 Poliakov, León. Ob. cit., p. 277.

134 Escobar Quevedo, Ricardo. Ob. cit., p. 40.

135 Asociación Israelita de Venezuela. *Los sefardíes el vínculo entre Curazao y Venezuela,* Eduardo Chumaceiro, Caracas, 2002, p. 35.

Hay evidencias históricas de este proceso. En 1812 cuando fracasó el primer intento de independencia de Venezuela, Simón Bolívar se trasladó a Curazao, en donde se hospedó en casa de uno de los miembros de la comunidad judía, Abraham Meza, en quien el movimiento independentista encontró un fuerte apoyo. Esto demuestra que los judíos no sólo tuvieron una importancia económica, sino que también influyeron en otros ámbitos como el de la política.

2.2.2. La nueva inmigración

En el siglo XIX se produjo un segundo flujo de migración judía sefardita hacia América. Esta vez los judíos que llegaban no lo hacían huyendo, ni para esconderse, sino para establecerse de manera voluntaria atraídos por las nuevas posibilidades que ofrecían las antiguas colonias españolas. A principios de dicho siglo las familias sefardíes establecidas en Curazao se vieron obligadas a abandonar el que hasta ese momento era su hogar, a causa de factores como las sequías y las epidemias de viruela. Entonces decidieron migrar hacia los ya independientes territorios americanos, buscando nuevas posibilidades.

A mediados de ese siglo,

> los judíos se afincaron en las ciudades de Caracas, Maracaibo, Barcelona, Carabobo, Puerto Cabello y Valencia en Venezuela, y en Riohacha, Cartagena, Barranquilla y Santa Marta en Colombia. Mantenían una ciudadanía extranjera –holandesa, o en algunos casos británica–, pero eran conocidos como judíos y trataron de mantener su fe. Su escaso número y la poca duración de su estancia impidieron el establecimiento de comunidades organizadas. La presión por parte del medio cristiano no facilitó su perseverancia en el judaísmo, ni siquiera cuando era benévola o incluso sólo implícita; menos aún cuando se ejercía de forma explícita y hasta agresiva.[136]

Poco tiempo después tuvo lugar la primera oleada migratoria de judíos asquenazíes. Esta última fue mayoritaria, en comparación con la sefardí, ya que entre 1830 y 1850 en Europa se intentaron revertir los derechos civiles a los que los judíos habían accedido tras la Revolución Francesa y la era napoleónica. Dicha migración provenía principalmente de Francia y Alemania y se estable-

---

[136] Isaac, S. y Emmanuel, Suzanne. *History of the jews of the Netherlands Antilles*, American Jewish Archives, Cincinnati, 1970.

ció en territorio argentino, debido al principio de libre migración que este país consagró constitucionalmente en 1853.

Esto no significó que dejaran de llegar judíos de estirpe sefardí, pues llegaron los marroquíes desplazados por las guerras de 1859-1860.[137] Esta migración se asentó inicialmente en la provincia de Para, en territorio brasileño, donde en 1823 se pidió autorización para la construcción de la sinagoga. Posteriormente llegarían también quienes huían de la depresión económica posterior a la Primera Guerra Mundial.

Los judíos han vivido gran parte de su historia alternando entre momentos de odio, persecuciones y expulsión, y épocas de prosperidad y armonía. El último y tal vez el más desastroso de estos episodios se presentó en el siglo XX durante la Segunda Guerra Mundial, resultado de la persecución y exterminio sistemático al que fueron sometidos por el régimen nazi.

Durante ese período, el gobierno alemán sacrificó gran parte de la población sefardí que habitaba en Salónica; otro tanto sucedió con los sefardíes de Yugoslavia y Turquía. Una de las pocas comunidades sefardíes que no corrió la misma suerte fue la de Sofía, Bulgaria, pues fue protegida por el rey.

La historia de la presencia judía en América está relacionada con los movimientos antisemitas surgidos en Europa en la segunda mitad del siglo XIX y con la gran crisis de la Segunda Guerra Mundial en el siglo XX. Es así como en el último siglo tanto judíos sefardíes como asquenazíes llegaron al continente buscando una nueva vida. Aun así el establecimiento de grandes comunidades identificables sólo se produjo en algunos países del continente. Para el caso colombiano las primeras comunidades no se establecieron sino entrado el siglo XX, momento en el que aumentó el flujo de migrantes.

2.3. Entre la memoria y la historia: los sefardíes en Colombia

En Latinoamérica es evidente que "el asentamiento judío original del que provienen las comunidades judías contemporáneas data de las inmigraciones que se iniciaron en Europa y regiones del Imperio Otomano a partir de la segunda mitad del siglo XIX",[138] pues como se había esbozado, es difícil rastrear las comunidades anteriores.

---

137 Shabot, Esther. Ob. cit., p. 126.

138 Ibíd., p. 123.

Algunos años después de la Independencia en 1819, el Gobierno colombiano reconoció el derecho de los judíos de establecerse en el país. La mayoría de los judíos llegados en esta época eran de origen sefardí, provenientes como ya se mencionó de las islas del Caribe, en especial del Curazao holandés. Uno de los factores que favoreció su establecimiento fue el idioma, pues los sefardíes hablaban ladino, cuya similitud con el español les permitió adaptarse fácilmente.[139]

Es difícil seguir el rastro de la presencia judía en siglos anteriores debido a que la característica fundamental fue mantener las costumbres y los ritos religiosos en secreto y ocultos de cualquier espectador o testigo. Los primeros registros, tal como lo afirma Azriel Bibliowicz, se encuentran en las actas de inquisitoriales de Cartagena donde se muestra que:

> Hubo una pequeña comunidad de cripto-judíos o marranos portugueses y se considera que tuvieron un rabino, don Blas de Paz Pinto, quien murió torturado por la inquisición acusado de ser "capataz de los judíos". Todo parece indicar que su casa funcionó como sinagoga y que fue el sitio donde se reunía y rezaba esta pequeñísima comunidad, a la vez perseguida y económicamente tal como lo revelaron las expropiaciones que padecieron y, que registraron las actas de la Inquisición.[140]

También se encuentra el registro de un núcleo de judíos en la Guajira, donde un pequeño grupo estableció una comunidad relativamente organizada, cuya mayor prosperidad se dio a mediados del siglo XVIII: "... bajo la orientación de "Mikve Israel", la comunidad mantenía sus ritos y tradiciones".[141] Así, la presencia judía en Colombia durante estos dos siglos fue bien poca y debido a este reducido número, el registro de su presencia sólo dejó rastros en algunas regiones, en particular en el Caribe.

---

139 Hernández García, José Ángel. Emigración judía en Colombia en los años 1930-1940: un caso particular: los judíos polacos, en *Pensamiento y Cultura*, vol. 10, noviembre de 2007, p. 1.

140 Bibliowicz, Azriel. Intermitencia, ambivalencia y discrepancia: historia de la presencia judía en Colombia. Documento en línea, p. 1. Consultado en: http://alhim.revues.org/index535.html. Ver también Croitoru, I. Ob. cit., donde se hace un censo muy completo de judíos en Cartagena, con base en documentos de la Inquisición.

141 Sourdis Nájera, Adelaida. *El registro oculto. Los sefardíes del Caribe en la formación de la nación colombiana 1813-1886.* Academia Colombiana de Historia, Colección Germán Arciniegas, nº. 1, Bogotá, 2001.

No sería sino hasta el siglo XIX cuando el número de migrantes judíos iba aumentar y con ello se darían los primeros intentos para el establecimiento de comunidades organizadas, es decir, "comunidades creadas, sobre la base voluntaria en respuesta a las necesidades de los inmigrantes [...] que tuvieran sus propios servicios religiosos, sinagogas, y posteriormente comunidades organizadas".[142] La primera etapa de este proceso se da en 1819.

Uno de los relatos de estos primeros tiempos de la migración sefardí contemporánea describe cómo Jacobo Azout "emocionado con la historia de América decide migrar hacia Colombia, desde Israel, pero al llegar a Puerto Colombia, al sentir la humedad, oír el lenguaje extraño y ver la cantidad de moscos, una de las personas que venía con él decidió devolverse en el mismo barco a Jerusalén, así Jacobo quedó solo en el nuevo mundo [...] recién llegado a América, Jacobo buscó continuar sus tradiciones judías. Aunque no había sinagogas, se turnaba con otros correligionarios a decir el Kidush en sus casas. Luego en Barranquilla participó en la fundación de la Sinagoga Sefardí".[143]

La llegada de los sefardíes desde Curazao se explica, como ya se mencionó, en primer lugar porque dicho territorio había sufrido una depresión económica, resultado en parte de la decadencia del poderío holandés, acompañada de sequías y una epidemia de viruela.[144] Al mismo tiempo, esta migración se vio favorecida por la nueva política de puertas abiertas, inaugurada por Bolívar, que atrajo a estas tierras, vedadas antes al libre acceso de los judíos, a un crecido número de activos y emprendedores sefarditas.[145] El idioma español fue también un elemento facilitador ya que las familias sefardíes que llegaban a América Latina entendían la lengua por su cercanía con el ladino. Según una de las entrevistadas: "Sé que mis abuelos hablaban varios idiomas entre ellos, el francés, árabe, ladino (que es una mezcla de hebreo con el español) y de ahí que podían comprender el español, por lo cual asumo que fue una facilidad al llegar a un país completamente diferente al de ellos".

---

142 Imilan, Walter Alejandro. Los sefardíes en América Latina y Turquía. Una comparación cultural supra regional. Documento electrónico, p. 2. Consultado en http://sefard.tripod.com/comunidades_sefardies_americalatina_turquia.pdf

143 Ibíd., p. 465.

144 Fawcet, Louise y Posada Carbó, Eduardo. Árabes y judíos en el desarrollo del Caribe colombiano, 1850-1950, en *Boletín Cultural y Bibliográfico*, vol. 35, n°. 49, 1998.

145 Croitoru, Itic. Ob. cit., p. 158.

Se sabe también que durante el siglo XIX la mayoría de los hebreos se establecieron en Barranquilla, donde fueron miembros de grupos y clubes sociales exclusivos. Muchos entroncaron con familias locales.[146] Como lo narra uno de los entrevistados: "Entonces ese grupo de judíos españoles, portugueses, holandeses, se radican en Curazao de ahí a fines del siglo XIX principios del siglo XX llegaron a Colombia. De ese grupo está Cortizos que fue pionero en la aviación... Son los primeros judíos que llegaron de la época moderna, de la actual, ese fue el trampolín digamos de Curazao a Barranquilla".[147]

En las primeras décadas del siglo XX las migraciones de judíos por causa de la Primera Guerra Mundial hacia el país aumentaron; sin embargo, la mayor parte seguía establecida en Barranquilla: de 88 judíos que habitaban en territorio colombiano, 55 residían en dicha ciudad, y en Bogotá sólo vivían tres.[148]

No obstante, a partir de la segunda década del siglo XX la situación se revirtió: "Los años 20 fueron testigos del avance y hasta de una cierta consolidación de pequeñas comunidades en Latinoamérica; en Colombia había para este momento 1100 judíos de los cuales la mitad se concentraban en la capital y el resto vivían en 12 localidades, algunas como Manizales, Cauca, Neiva y Pasto, con tan sólo 25, 10 o 5 judíos".[149]

Paulatinamente la presencia judía empezó a aumentar al igual que la importancia de las familias judías en la economía. De esta manera se empezaron a establecer las primeras comunidades: "para 1938 hay presencia de una pequeña agrupación de hebreos especialmente de rito sefardí, que estaba en Bogotá desde los años 20. Hacia finales del decenio el número creció", y se hizo aun mayor durante las dos décadas siguientes, como resultado de la Segunda Guerra Mundial, pues muchos judíos llegaron a Bogotá atraídos por familiares y personas de la comunidad que ya estaban radicados en Colombia.[150] Uno de los entrevistados recuerda: "En el caso de mi papá, llegó a Colombia entre 1927 y 1928 de Turquía. Llegó a este territorio porque una parte de su familia ya se encontraba

---

146 Ver: Ibíd., p. 88. En el registro oculto se hace un seguimiento de los nombres y las actividades de los judíos radicados en Barranquilla y en todo el Caribe durante este período.

147 Entrevista realizada en Bogotá en mayo de 2009.

148 Avni, Haim. Ob. cit., p. 190.

149 Ibíd.

150 Milhem, Marco. Ob. cit., p. 21

acá en Barranquilla. Cuenta que en Turquía se padecía muchas enfermedades por lo que su papá quedó huérfano y vivió en un orfanato".[151]

En el período comprendido entre los años 1938 y 1943 "hubo una migración apreciable de sefardíes tanto casados como solteros [...] estas eran personas de diferentes orden llegados como comerciantes y habían vivido en Centroamérica, las Islas del Caribe y Europa".[152]

Los primeros sefardíes establecidos en Bogotá, se reunían en las fechas religiosas más importantes, aunque no contaban con la presencia de un rabino. Así, se daban los primeros pasos para el establecimiento de la comunidad. A mediados de 1944, las cincuenta familias sefardíes que habitaban en Bogotá se reunieron para formar de manera oficial la comunidad sefardí. Dos años después se empezaría a discutir la compra de un terreno para la construcción de la sinagoga. Otras comunidades también judías, pero asquenazi, ya contaban con su sinagoga.

Inicialmente las diferencias entre ambas comunidades fueron marcadas. La endogamia dentro de las dos suscitaba también que se vieran con cierto recelo: "En mi caso, yo ya soy de otra mentalidad, de una generación nacida en América, no tengo problema. Probablemente hablemos de mis padres, pero por ejemplo mis abuelos habrían encontrado una oposición para el matrimonio no solamente con no judía, sino con alguien de origen asquenazí".[153] Cuando se empiezan a dar los matrimonios mixtos, entre las comunidades sefardí y asquenazí, esta situación comienza a modificarse e incluso muchos de los miembros de ambas comunidades asisten a las dos sinagogas. Este hecho facilitó el acercamiento de las dos comunidades, lo que llevó a que durante los años setenta se conformara la Federación de Comunidades Hebreas de Colombia, a la que pertenecieron todas las comunidades judías.[154] De acuerdo con una de las entrevistadas:

> cuando llegaron los asquenazíes sí estábamos muy divididos y las diferencias eran muy marcadas pero con los años las comunidades se han ido mezclando.

---

151 Entrevista realizada en Bogotá en mayo de 2009.

152 Milhem, Marco. Ob. cit., p. 24.

153 Entrevista realizada en Bogotá en mayo de 2009.

154 Recientemente (2008) se ha establecido la Confederación de Comunidades Judías en Colombia, en la que participan nueve comunidades judías, tres de las cuales son sefardíes. Al respecto se puede consultar en: http://www.radiojai.com.ar/online/notiDetalle.asp?id_Noticia=38442

> El acercamiento a una u otra comunidad es subjetivo, la mujer se afilia a la sinagoga del esposo, sin embargo acá, lo que yo he visto en estos años es que la gente se acerca más a la comunidad sefardí, es un ritual más oriental, la comida es mediterránea, la señora entonces empieza a aprender este tipo de cocina para complacer a su esposo. Además el hombre sefardí es mucho más cerrado y trae a su familia a la sinagoga para conservar la tradición. Y adoptan entonces todo lo demás.[155]

Además de la religión, lo sefardí viene permeado por una fuerte tradición cultural. Si bien el número de sefardíes en Colombia no alcanza los niveles de Brasil o Argentina, su importancia no es menor, pues muchas de las tradiciones, refranes y cantos que circulan en la cultura colombiana tienen sus orígenes en lo sefardí.

155 Entrevista realizada en Bogotá en agosto de 2009.

SEGUNDA PARTE

IDENTIDADES Y MEMORIAS DE SEFARAD

Capítulo 1
Resignificaciones históricas de la identidad sefardí

La construcción de lo que se podría llamar una identidad sefardí se ha venido estableciendo sobre la base de una memoria fuertemente arraigada en una representación de la España de los ancestros, que se expresa en los mitos que surgieron antes de la expulsión, sobre la presencia muy antigua de los judíos en la península, en un primer momento; alrededor de los conflictos de los sefardíes con otras comunidades judías no españolas en los siglos XVI y XVII, en un segundo momento; y en la actualidad, en la memoria de la lengua y de una música y literatura sefardíes con claras y profundas raíces españolas, así como en las prácticas alimenticias, que es donde la mayor parte de los sefardíes ubican sus particularidades identitarias. En efecto, en las narraciones y entrevistas realizadas a judíos sefardíes contemporáneos en Colombia se puede observar que los temas más recurrentes al hablar de su identidad sefardí están relacionados con la lengua, la literatura, la música y la comida.

1.1. El mito de Sefarad (siglos XIV-XV)

La génesis del sefardismo como marca identitaria, y por consiguiente, diferenciadora, se puede ubicar en la construcción del mito según el cual los judíos españoles habrían llegado a la península durante la época del primer exilio.[156] Este mito, que comenzó a circular después de las persecuciones de 1391, tenía varias implicaciones: en primer lugar, significaba que los judíos eran más españoles que los españoles, ya que vivían en la península desde antes de la llegada de los romanos y los visigodos, lo que les daba todo el derecho a permanecer allí; en segundo lugar, le quitaba peso a una de las grandes justificaciones de la época a la persecución de los judíos: el hecho de que eran ellos los asesinos de Cristo.

---

[156] Se refiere al exilio babilonio del siglo VI a.C.

Si los judíos habían llegado a la península en el siglo VI antes de Cristo, no podían haber sido ellos (los judíos españoles) los asesinos de Cristo. Esto conllevaba, entonces, una clara diferenciación con respecto a las otras comunidades judías.

El mito se basó, en primer lugar, en una referencia bíblica, una visión del profeta Abdías sobre el retorno a Israel: "Los deportados, este ejército de los hijos de Israel, poseerán Canaán hasta Sarepta, y los deportados de Jerusalén, que están en Sepharad, poseerán las ciudades del Negueb".[157]

Sobre la datación de este libro del profeta Abdías hay grandes discusiones entre los exégetas. Lo sitúan entre el siglo IX a.C. y la época griega, pero es probable, como lo creían los judíos españoles, que haya sido escrito en el exilio babilonio (siglos VIII-VI a.C.), lo que encajaría perfectamente con su idea de haber llegado durante este exilio.

En segundo lugar se utilizó una versión de un mito fundacional español que en versión de Diego de Colmenares dice:

> I. Después del general diluvio y perpetuo castigo de las gentes con la confusión de las lenguas en la torre de Babel, el patriarca Tubal, hijo quinto de Jafed, por mandado de su santo abuelo Noé, vino con las gentes de su lenguaje caldeo a poblar esta región occidental, que por serlo nombran los hebreos Sepharad; los caldeos, Spamia; los griegos, Hesperia, y los latinos Hispania, de donde hoy se nombra España; de cuya etimología los que más disputan, averiguan menos en tanta distancia de siglos y variedad de generaciones.[158]

Más adelante añade:

> Por este tiempo Nabuconodosor (o Nabucad-Nezer), emperador de Babilonia, habiendo destruido a Jerusalén, asolado el templo de Salomón y cautivado a su rey Sedequías, puso cercó a la ciudad de Tiro, que apretada pidió socorro a los de Cádiz, descendientes suyos. Estos, con muchos españoles, partieron a socorrerla; con que el babilonio, despechado alzó el cerco y fue a

---

157 *Biblia de Jerusalén*, Abdías 1:20.

158 De Colmenares, Diego. Historia de la insigne ciudad de Segovia y compendio de las historias de Castilla. Biblioteca Virtual Miguel de Cervantes, 2004. p 38, Consultado en: http://site.ebrary.com Ver texto completo en anexo.

> Egipto, y de allí a África, de donde se dice vino a España a vengarse de la ayuda que había dado a Tiro. Tomó algunos puertos, y dejó en la provincia muchas gentes de las naciones de su ejército: caldeos, persas y judíos.[159]

Agregaba la leyenda judía-española que cuando el Sanedrín los consultó desde Jerusalén con respecto a lo que se debía hacer con el proclamado Mesías, y si merecía la muerte por impostor, ellos, los judíos españoles, le aconsejaron dejarlo en paz. De ahí que estuviesen libres de ese horrible crimen que es el deicidio.[160] Gracias al mencionado mito, muchas de las grandes familias judías de España hacían remontar su llegada a la península al siglo VI a.C. Así, por ejemplo, Isaac Abrabanel, judío contemporáneo de los reyes católicos, escribió:

> Escribió Rabí Isaac ben Gy'at –famoso rabino del siglo XI nacido en Lucena y muerto en Córdoba– que en la destrucción del primer templo vinieron dos familias de la casa de David a España: la familia de los hijos de Daud, que se asentó en Lucena, y la familia de los hijos de Abrabanal, que se asentó en Sevilla, de la cual es mi humilde familia.[161]

Abrabanel hizo una vigorosa defensa del derecho de los judíos a permanecer en España y fue uno de los grandes promotores del mito de la llegada de los judíos a España antes del Segundo Templo. Por su gran cultura y pericia en los manejos financieros y económicos, trabajó para los reyes católicos hasta la expulsión de 1492. En ese momento Abrabanel estaba escribiendo una *Introducción al libro de los Reyes*, donde, entre otras cosas, le suplicaba a Fernando de Aragón que no los expulsara de España, la cual consideraba su tierra, tanto así que comparó la expulsión con el exilio:

> Por favor, oh Rey, ¿Por qué haces esto a tus siervos? Imponnos un gravamen, un presente de oro y plata, pues cuanto posee un hombre de la casa de Israel lo dará por su tierra.
> Imploré a mis amigos, que gozaban del favor real, para que intercediesen por mi pueblo; los notables celebraron consulta para hablar al soberano con toda la fuerza a fin de que revocara los escritos de cólera y furor, y abandonara

---

159 Ibíd., p. 50.

160 Ibíd., p. 44.

161 Citado por Contreras, J., Pulido, I. y Benítez, R. Ob. cit., p. 44.

> su idea de exterminio de los judíos. Más como sorda víbora, tapó sus oídos y no cedió ante nadie. La reina permanecía a su diestra para corromperlo e inducirlo con poderosa persuasión a ejecutar la obra iniciada y acabarla. Nos esforzamos, pero no tuvimos éxito; no me tranquilicé ni descansé; mas la desgracia llegó.
> Oyó el pueblo esta orden perversa y se afligió. En todo lugar al que llegaba el decreto real y su fuerza de ley guardaron un gran luto los judíos, gran terror, aflicción como de primeriza, cual no se había visto desde el día del destierro de Judah desde su tierra a país extraño.[162]

El mito de Sefarad tuvo una función importante en los siglos XIV y XV, cuando los judíos españoles se encontraban todavía en la península. En efecto, este mito permitía, por un lado, crear una identidad particular sefardí diferente de las otras comunidades judías, y por otro, eximir a los judíos de España del 'pecado' de la crucifixión. Pero la identidad sefardí ha tenido variaciones históricas que obedecen a la necesidad de elaborar nuevas configuraciones que se adapten a los contextos cambiantes por los que transitó la comunidad. Después de la expulsión, la necesidad de comprobar su llegada a España durante el primer exilio ya no tenía sentido. No es común que los sefardíes contemporáneos citen o recuerden este mito, debido a que ya no cumple la función para la cual fue creado (el lograr permanecer en España), pero es claro que contribuyó a la construcción de una representación de lo sefardí como particular y diferenciado de otras comunidades judías. El mito, sin embargo, es frecuentemente citado hoy en día, como en el caso de este escrito, en trabajos y artículos históricos sobre la llegada de los judíos a España.

1.2. La identidad como diferencia (siglos XVI-XVII)

Con un Pueblo estás mal quisto
Por lo que te apartas del,
Otro no te juzga fiel
Por lo que fingir te ha visto
Miguel de Barrios (Daniel Levi)[163]

---

162 Ibíd., p. 56.

163 Kaplan, Yosef. *Judíos nuevos en Ámsterdam: estudio sobre la historia social e intelectual del judaísmo sefardí en el siglo XVII*. Gedisa, Barcelona, 1996, p. 9.

Una de las manifestaciones de la construcción identitaria sefardí fue la gran diferencia que se estableció entre los sefardíes y los judíos no españoles y que se puso de manifiesto después de la expulsión. Ámsterdam, uno de los lugares a los cuales llegaron a refugiarse los judíos españoles después de la expulsión, fue el escenario donde estas diferencias surgieron de manera más drástica. Allí también residía un número importante de judíos ashkenazim, procedentes de los estratos más populares del judaísmo alemán. Fue con ellos que se presentaron los choques más fuertes.

Los judíos españoles "seguían inmersos en la cultura ibérica. Hablaban de poetas españoles y portugueses, de Lope de Vega, de Góngora, de Quevedo... y seguían interesados en sus obras. Hubiese sido imposible borrar de un plumazo sus orígenes...".[164] En Ámsterdam recrearon su mundo anterior: casas de juego, casas de conversación, academias literarias, prostíbulos y lugares de ocio y diversión. Por otro lado, llevaron también todo el bagaje cultural, político, religioso y filosófico que, junto con una gran tendencia a la discusión sobre estos asuntos derivada entre otras de la tradición española de las controversias religiosas, produjeron una generación de pensadores judeo-españoles con una fuerte tendencia al cuestionamiento de los dogmas y creencias religiosas más acendradas. De igual manera, los judíos y criptojudíos españoles llevaron a la capital holandesa la concepción que confería mayor importancia a la identificación interior del converso (al judaísmo) que a su conducta externa.

Los hombres cultos españoles de la época, y entre ellos los judíos, acostumbrados a la reflexión intelectual y a las letras, mostraban tendencias nihilistas, e incluso ateas, que chocaban fuertemente con el pietismo iletrado de los ashkenazim de Ámsterdam. Críticos de la tradición rabínica fueron Uriel de Acosta, Juan de Prado, Baruj Spinoza, Daniel de Ribera, todos combatidos y excomulgados por sus ideas racionalistas y heterodoxas.[165] En el caso de Uriel de Acosta, la tendencia a la discusión abierta de las dudas y los cuestionamientos de la ley, que los judíos españoles hacían sin ningún problema, provocó su excomunión. Las persecuciones y la imposibilidad de discutir fueron el motor que propició el que de Acosta se radicalizará cada vez más, y ya no solamente cuestionó la tradición rabínica, es decir, el Talmud, sino que terminó por cuestionar que la Biblia fuera una revelación de Dios. Así, llegó a decir que todas las religiones

---

164 Contreras, J., Pulido, I. y Benítez, R. Ob. cit., p. 93.

165 Ver Kaplan, Yosef. "Judíos nuevos en Ámsterdam...", cit., p. 19.

eran creaciones humanas. Eso, por supuesto, hizo que le proclamaran un *herem*, que es la excomunión en el judaísmo.

Yosef Kaplan considera que los sefardíes de Ámsterdam, por su mentalidad y vínculos con el mundo gentil y su asidero a la cultura europea, pueden considerarse precursores de la modernización y secularización de la sociedad judía europea y esto gracias a su tradición intelectual hispánica. Formados en la tradición cultural ibérica, estos judíos llevaron con ellos un amplio espectro de conceptos intelectuales, ideas políticas y valores sociales que no siempre concordaban con la tradición rabínica.

No sólo la literatura, sino también el pensamiento político español eran el foco de interés de los sefardíes en Ámsterdam. Las obras de Diego de Saavedra y Fajardo, Antonio Pérez, Francisco de Quevedo y Baltazar Gracián se encontraban en la biblioteca de Spinoza. En los escritos de judíos españoles en Ámsterdam se encuentran extensas citas a los tratados políticos publicados en la época de los Habsburgo. De estos textos se valieron los racionalistas y también los ortodoxos dado el carácter moralista de muchos de esos tratados.[166]

Una de las manifestaciones de esta construcción identitaria, que buscaba una fuerte diferenciación de los judíos españoles, era la actitud de hidalgos adoptada por ellos y su defensa de la nobleza y pureza de sangre.[167] Era tal la mimesis sefardí con los españoles que "para las autoridades holandesas era difícil distinguir entre los inmigrantes ibéricos quiénes eran y quiénes no eran de procedencia judía".[168] En Ámsterdam había quienes seguían vistiendo como hidalgos hispanos, sin que en realidad hubiera mucha diferencia entre unos y otros. Así mismo, los judíos españoles consideraban las labores mecánicas como impropias de 'hidalgos' y estas eran realizadas en la sinagoga sefardí de Ámsterdam por negros y ashkenazim.[169]

166 Ibíd., pp. 56-58.

167 Con respecto al origen del concepto de 'pureza de sangre' cabe mencionar que existe una polémica. Por una parte, Américo Castro y Claudio Sánchez Albornoz defendían el origen judío de esta noción y su posterior adopción por parte de los cristianos para segregar a los recién convertidos. Kaplan (ob. cit., p. 64), por su parte, considera que el concepto surgió como parte de la tradición cristiana ibérica y fue adoptado con posterioridad por los judíos tras la expulsión. Sin embargo, el interés de este ensayo no se centra en el origen particular de la noción, sino en su carácter hispánico.

168 Ibíd., pp. 68-69.

169 Contreras, J., Pulido, I. y Benítez, R. Ob. cit. p. 114.

La segregación practicada por los sefardíes con respecto a los ashkenazim llegó al punto de establecer un método comparable al utilizado en España para comprobar la 'pureza de sangre':

> En 1709 se adoptaron procedimientos aún más estrictos[170] para impedir que judíos no sefardíes pudieran adherirse a la comunidad. Todo nuevo candidato debía desde entonces ofrecer pruebas claras respecto a su origen, y en casos dudosos se recurría al testimonio de dos testigos fidedignos, para que confirmasen, por medio de un juramento solemne, su origen portugués o español.[171]

Las nociones de 'nobleza y pureza de sangre' se convirtieron en signos de identidad de judía: "... siendo hebreos noblíssimos de sangre, y antiguíssinos de linaje",[172] pero también pasaron a formar parte del bagaje social sefardí para definir su posición frente a otras 'naciones judías'. La admiración de los judíos sefardíes por su España natal llegó hasta el punto de que algunos judíos españoles escribieron tratados defendiendo la expulsión de los judíos de España y considerando que la política que habían aplicado los Reyes Católicos era la correcta. Sobre la decisión tomada por Fernando e Isabel, rabí Abraham Salom dice:

> Pues es indigno proceder por parte de un rey, por el mero hecho de ser rey, el conservar a una nación si no es de la misma religión, dado que el rey debe ser un factor que preserve la religión y no un factor que la destruye. Y como la religión de aquella nación, (los judíos), es diferente de la nación del rey, éste tiene el deber de destruirlos. Pues la finalidad del rey es unir al pueblo

---

170 Ya se había establecido la prohibición de matrimonios entre sefardíes y miembros de otras comunidades judías (ashkenazim, polacos y lituanos); se había estipulado la separación de los mataderos y la prohibición a los sefardíes de comprar la carne a los ashkenazim, so pena de excomunión, y desde 1697 se había establecido "que desde ahora en adelante no se admitirán como *jejidim* (miembros de la comunidad) de este *Kahal Kadosh* personas de otras naciones, tanto para el cumplimiento de rituales en nuestra congregación, como para lo que concierne a socorros y asistencia (de los necesitados)" (*Ascamoth* B, fol. 230. Citado por Kaplan, Yosef. Ob. cit., p. 99). Para un análisis más profundo de estas diferencias ver: Kaplan Y., pp. 96-101.

171 Kaplan, Yosef. Ob. cit., p. 100.

172 Ibíd., p. 66.

> de su reino y lograr que todas las opiniones coincidan con las suyas, y no que estén en desacuerdo con él...[173]

Lo anterior fue escrito por un rabino que vivió la expulsión. Los límites de la identidad están vinculados tanto a la identificación grupal como a la diferenciación de otros y fue este último aspecto el que marcó la construcción identitaria sefardí durante los siglos xvi y xvii. La convivencia con otros judíos creó la necesidad de diferenciación que marcó la formación de las comunidades sefardí y ashquenazi. A partir del siglo xvii muchos de los aspectos que servían de base para la configuración de lo sefardí como intelectual y socialmente superior perdieron su sentido. La producción académica y científica dentro de la comunidad ashquenazi comenzó a eliminar la distancia intelectual de la que los sefardíes se sentían tan orgullosos. Por otra parte, la comunidad sefardí se dispersó, emigrando a diversos lugares como Estambul, Tesalónica, Curazao, como se mencionó en la primera parte, y fueron otras prácticas las que vinieron a configurar la identidad.

[173] Salom, Abraham. *Neveh Shalom*, Constantinopla, 5298 (1538), fol. 72v. Citado por Kaplan, Yosef. Ob. cit., p. 61.

Capítulo 2
Reconfiguración de la identidad sefardí en el mundo hispánico

Los sefardíes llevaron consigo su cultura y su lengua a todos los puntos de destino. La fuerza de la tradición y el profundo arraigo de Sefarad hicieron que esta cultura sobreviviese tanto en las prácticas religiosas como en los hábitos y la vida en común, pero el contacto y la interacción con otras lenguas y culturas produjeron también cambios en algunos de los ejes identitarios. A continuación se resaltan algunos de los rasgos culturales perdurables, presentes aún hoy en la lengua, la literatura y las costumbres alimentarias en los sitios de asentamiento posteriores a la diáspora, así como algunos de los cambios que se produjeron como transformaciones adaptativas en los sitios de asentamiento.

2.1. *El espanyol de mozotros:* lengua y literatura sefardíes

Kuando un diplomat vizito a Salonika en el empisijo d'el siglo vente, le sorprendio de sentir una sivda entera avlando un Espanyol arkaiko miles de kilometros de Espanya!

Los judíos *sefardíes* sentían tanto apego por su hispanidad que siglos después los judíos de Salónica, donde se decía que "quien no hablaba español no era judío",[174] seguían manteniendo su música, sus costumbres, su lengua y, algo muy importante, las llaves de las casas que tuvieron que dejar en la península Ibérica en 1492 y que se convirtieron en el símbolo tangible de los fuertes lazos con España.

Dice un sefardí sobre las comunidades de Salónica: "Estas komunitas dominaron la sivda durante kaje 5 siklos, teniendo ayinda la yave de sus kazas

[174] Pérez, Joseph. Ob. cit., p. 280.

piedridas, sus uzos i kostumbres, sus muzika, i sovre todo su lingua. La komunita djudia de Salonik, la luz del sefaradizmo en Europa".[175]

La lengua es la piedra angular de la cultura, toda vez que ella es la materia prima del pensamiento y por tanto moldea la percepción del mundo y las diversas formas de sentirlo y entenderlo. Ella es quizá el rasgo cultural sefardí más importante. Como dice García Cárcel, el rasgo cultural básico del sefardismo es la lengua que adoptaron los judíos como propia y que se llevaron de España con la expulsión. Con la lengua viene el pensamiento que se construye a partir de ella, los matices y los sentimientos que nombra. El hecho de que los *sefardíes* hubieran seguido hablando el *judeo-espanyol* (ladino) y que esta lengua se sobreviviera durante más de cinco siglos dentro de esas comunidades, significa que los *sefardíes* consideraron el *judeo-espanyol* como parte fundamental de su identidad sefardí:

> ... también hablaba el español mi mamá, de abuelos y papás todos de descendientes turcos hablaban el español. Se entendían perfectamente, mi familia toda, toda hasta donde yo he podido llegar después de la expulsión, todos han sido matrimonios con judíos sefardíes que hablaban el español o sea nos entendíamos en español.[176]

Y agrega:

> ya en el siglo XVIII, principios del siglo XIX, mi familia llegó a Palestina, Israel; llegaron allá hablando el español después de 400 años, siguieron hablando español, mis abuelos tatarabuelos, incluyendo a mi papá, incluso mi papá que había nacido en Jerusalén. Uno dice pues, ¿cuál es el idioma materno en Jerusalén? El idioma de mis abuelos nacidos en 1860 y tantos era el ladino; a mí me regañaban en ladino, todo era en español.

Para los judíos españoles que viven en territorios no hispánicos, su lengua, el judío-español, es el corazón del sefardismo. Es lo que los define e identifica

---

[175] Anjel R., José Guillermo. *Yo avlo, meldo i eskrivo djudio (algunas anotaciones sobre el ladino).* Consultado en: http://colombia.indymedia.org/news/2007/10/74094.php

[176] Entrevista realizada en Bogotá en mayo de 2009.

> El eskritor espanyol Miguel de Unamuno definio el lenguaje komo 'la sangre de muestra alma'. Ke mijor modo de deskrivir la intima relasion de los sefaradis kon sus lengua, el djudeo-espanyol? Uno es sinonimo del otro: no puedes ser sefaradi si tus parientes o tus avuelos no avlaron en muestra amada lengua.[177]

El español hablado por los judíos "no es más que una variedad arcaica, un dialecto del español que permite a los sefardíes entender a los mexicanos, a los colombianos, a los chilenos, a los argentinos o a los españoles sin especial dificultad y hacerse entender por ellos".[178] Aunque en la lengua, el judeo-espanyol, se fueron introduciendo algunas expresiones de los lugares donde se asentaron las familias, por ejemplo, algunas palabras de turco ("ellos mezclaban el ladino; ellos no decían el vecino de uno, sino amusidin"),[179] la lengua siguió teniendo la estructura y los rasgos propios del español:

> A principios del siglo xx un ministro de cultura español viajo en barcó cruzando el Mar Negro, el tipo era especialista en idioma cervantino y se sorprendió completamente de oír en todo pueblo donde se bajaba a gente hablando en ladino. Se acercó a ellos en el idioma de ellos el ladino, por sus conocimientos pues era especialista en idioma cervantino y no pudo creer que hubiera 10 mil personas o más en Estambul hablando el idioma ladino, conservando las calles, las llaves de las casas en Córdoba etc.[180]

Los sefardíes llaman *judeo-espanyol* a esta lengua, que comúnmente se conoce como *ladino*. Sin embargo, hay una sutil diferencia entre los dos conceptos. Según el historiador Joseph Pérez, "la base lingüística del ladino y del judeo-español es la misma, el castellano de finales del siglo xv". [181] Sin embargo, el ladino era "una lengua que se escribía pero no se hablaba; la utilizaron los rabinos para traducir literalmente los textos bíblicos y los comentarios redactados en hebreo".[182]

177 De Vidas, Albert. Ob. cit., p. 1.

178 Pérez, Joseph. Ob. cit., p. 279.

179 Entrevista realizada en Bogotá en julio de 2009.

180 Entrevista realizada en Bogotá en noviembre de 2009.

181 Ibíd., p. 276.

182 Ibíd., p. 277.

En la comunidad sefardí de Colombia, sin embargo, el término ladino se utiliza corrientemente para referirse al judeo-espanyol.

Albert de Vidas explica de la siguiente manera el origen de la palabra ladino:

> Kuando yo era una kriatura i rumpia un kristal en djugando mi nona me araviava i me diziya 'ladino, ke sos un ladino'. Eya no savia el orijin de esta palavra, ma la uzava. Ladino era el djudio o arabo ke trezladava tekstos a la lingua latina, es dizir ke 'ladinava', de modo ke al empesijo esta palavra dezinyava una *persona* intelijente. Despues la Istoria izo ke dezinyara al djudio. En la aktualidad en Espanya sinyifika ken es intelijente ama ovra mal [...] Los sefardies yamavan Ladino a la traduksyon (terdjume) de la Biblia a Espanyol. Al *tiempo*, el Haham uzava a dizir a sus elevos: Melda en Lashon (Ebreo) i en Ladino. Ma a la lingua 'de kada diya' la yamavan Espanyol (Espanyolit) o Djudezmo. El Sefardi dize a su amigo 'Eskrivime en Espanyol'. Nunka dize 'Eskrivime en Ladino'. El Sefardi dize: 'Avlame en Djudezmo' i no 'Avlame en Ladino'. Por tanto, los Ashkenazim uzavan a yamar 'Ladino' a la lingua de los Sefaradim.[183]

El vínculo que crearon los judíos sefardíes con España es tan estrecho que se ha mantenido, de una forma u otra, hasta nuestro días, y es la lengua, el judeo-español, uno de los rasgos que permite identificar más fácilmente esta relación, pues "los descendientes de los expulsados de España y Portugal han conservado el lenguaje familiar que estos tenían: el castellano del siglo xv, si bien algo corrompido es el idioma en que se hacen oraciones, se explican los libros sagrados en muchas sinagogas".[184] Por otro lado, esta lengua también se enriqueció, a través de generaciones en la diáspora española, con palabras turcas, griegas, francesas, italianas y eslavas en el área del Imperio Otomano, y de palabras árabes en el Marruecos español. Pasaron de uno a otro país, de generación en generación, cuentos, música, leyendas y tradiciones, que permitieron transmitir, de una generación a otra, valores, sucesos, maneras de pensar, usos y costumbres con

---

[183] Anjel R., José Guillermo. *Yo avlo, meldo i eskrivo djudio (algunas anotaciones sobre el ladino).* Consultado en: http://colombia.indymedia.org/news/2007/10/74094.php

[184] Carrete, Carlos. *Los judíos en la España contemporánea: historia y visiones 1898-1898.* Ediciones de la Universidad de Castilla, La Mancha, 2000, p. 55.

una fuerte impronta española.[185] En los lugares donde la lengua era el español, el ladino no era fundamental, pero la tradición sefardí se mantuvo como un elemento diferenciador respecto a las comunidades asquenazíes.

El conocimiento del judeo-espanyol le permitió a muchos inmigrantes judíos procedentes de Turquía, los Balcanes, Grecia y otras zonas donde se establecieron después de la expulsión, adaptarse más fácilmente a los países de habla hispana a donde llegaron a finales del siglo XIX y principios del XX. Sin embargo, el hecho de compartir rasgos lingüísticos muy similares condujo a que el judeo-espanyol fuera desapareciendo, como en el caso de los sefardíes en Colombia.

Por una parte, cuando muchos sefardíes llegaron a América Latina, sintieron que no hablaban un 'buen español' y que debían esforzarse por hablarlo correctamente:

> Es que te voy a decir, mi abuelo decía 'no los voy a dejar que sigan hablando un español torcido'. Yo aprendí de mi abuela porque mi abuela sí dijo 'yo hablo mi ladino' [...] Y yo lo aprendí porque mi abuela lo hablaba siempre, pero en cambio mi abuelo, que en paz descanse, le decía 'Clara tienes que hablar el español'. 'Ya me voy a ambezar, ya me voy a ambezar', y nunca se ambezó, nunca aprendió, aprender es ambezar. Y nunca se ambezó...[186]

> Sí hablaban ladino; incluso, cuando llegaron acá se burlan de ellos: les decían 'aprendan a hablar bien español', e inclusive mi bisabuela, que también llegó a América, contestaba 'ya me ambezí' que significa ya aprendí. La abuela nunca aprendió a hablar bien el español.[187]

Por otra parte, el judeo-espanyol no representa una marca identitaria en países de habla hispana. Así, los movimientos más fuertes de defensa del judeo-espanyol se encuentran en Israel, Turquía y Estados Unidos, donde muchos sefardíes conservan la lengua y se han puesto en la tarea de rescatarla, a través de investigaciones y publicaciones de diversa índole, mientras que en América Latina el

---

[185] Koen-Sarano, Matilda. *De Zaragoza a Yerushaláyim. Kuentos Sefaradís.* IberCaja, Isla de Mallorca, s. f.

[186] Entrevista realizada en Bogotá en julio de 2009.

[187] Entrevista realizada en Bogotá en julio de 2009.

judeo-espanyol prácticamente ha desaparecido. La mayoría de los entrevistados en Colombia no hablan el ladino y sólo recuerdan a sus abuelos hablándolo:

> Por ejemplo en París, como se habla Francés, yo me he encontrado diferentes personas que aún hablan ladino, pero en el caso nuestro, claro, hay una asimilación, yo ya no podría hablar como mi abuela y decir 'gomitar' en vez de 'vomitar', pero, por ejemplo, lo que sí es muy lindo, y que yo guardo, es ese 'ijica', que es como ella me llamaba.[188]

La tradición literaria sefardí, compuesta por romances y poemas, después de la expulsión empezó a adquirir un tono melancólico. En algunos escritos se puede percibir vivamente la nostalgia de los judíos sefardíes por el que otrora fuera su hogar, España, como se puede ver en el siguiente poema:

A Espania

A ti Espania bienquerida, mosotros madre te llamamos
Y, mientras toda nuestra vida tan dulce lengua no deshamos.
Aunque mos desterrastes como madrastra de tu seno,
No estancamos de amarte como santisimo terreno,
En que desharon nuestros padres a sus parientes enterrados
Y las cenizas de millares de sus amados.
Por ti mosotros conservamos amor filial, país glorioso,
Por consiguiente te mandamos muestro saludo glorioso.

Abraham Kapon de Sarajevo

Puede decirse que toda la tradición literaria y los cancioneros sefardíes expresan el recorrido de la comunidad. La expulsión y la convivencia con otros pueblos, no fue un impedimento para que conservaran los rasgos fundamentales de su cultura. Por el contrario, esta condición se convirtió en un motivo para conservarla. El vehículo fue, por supuesto, el ladino, como lo describió Miguel de Unamuno en 1928: "Lengua español, ladinada, con que lloró, Sión y a ti

[188] Entrevista realizada en Bogotá en julio de 2009.

España, la posada, nido de consolación: te apechugaré sin miedo dulce lengua sefardí la que manaba en Toledo, cuna de Judá Levi, lengua de tierno romance con que roma nos guió a valernos en el trance que el cautiverio nos diopara mis resecos labios eres leche e hidromiel, que en ti mamaron los sabios de nuestro nuevo Israel". La impronta española permanecería así a lo largo de años y a través de países.

Gran parte de la tradición sefardí está contenida y expresada en la tradición oral. Este legado está compuesto básicamente por cuentos, canciones y romances. "Estos tres géneros se definen y diferencian unos de otros, por los temas de sus textos, por su estructura poético-musical, por su modo de ejecución y por su función social; esto significa la relación con los ciclos: el ciclo de la vida (nacimiento, boda, muerte) y el ciclo anual (festividades del calendario judío)".[189]

Las canciones del ciclo de la vida, relacionadas con el nacimiento, se denominan 'canticas' o 'cantes de parida'. Las 'endechas' incluyen los romances de tema trágico, cuyo texto se centra en la muerte o el duelo de los protagonistas. La que se cita a continuación forma parte de la tradición marroquí, y el tema es la muerte del príncipe don Juan, hijo de los Reyes Católicos, quien falleció en Salamanca en 1497.[190]

De Burgos partió ese rey,
De Burgos pa'Salamanca
Y en mitad de aquel camino
Del cielo cayó una carta.
–tomadla mis caballeros,
Tomadla bien y notadla.
–pa vos, mi señor rey,
Para vos era mandada.
Malo estaba ese rey,
Ese rey de Salamanca,
Malo está de calentura,
Que otro mal no se le añada.

[189] Shahak Weich, Susana. *Música y tradiciones sefardíes*. Centro de Cultura Tradicional, Diputación de Salamanca, 1992, p. 14.

[190] Ibíd., p. 85.

Ya mandan por los doctores,
Doctores de toda España,
Todos dicen a una boca:
–Mi Señor no tiene nada...

Durante varios siglos el judeo-español fue una lengua esencialmente oral y fue por esta vía como se conservó. A partir del siglo xviii ya se puede hablar de una lengua escrita e impresa, por medio de la cual se comenzó a plasmar toda la tradición literaria sefardí: *kantigas*, *dichas*, *reflanes*, cuentos.

Sobre esta literatura popular sefardí, que se transmitió de generación en generación y cuyas principales manifestaciones son las *kantigas*, los proverbios, que en judeo-español se llaman *reflanes,* y las expresiones o *dichas* en el *espanyol de mozotros*, se encuentra una cantidad enorme de ejemplos. Uno de ellos lo constituye la siguiente *kantiga*:

> Alta alta es la luna/ Kuando empesa a 'sklareser/ I ja ermoza sin ventura/ Nunka yege a naser./ Los ojos ya me s'incheron/ De tanto mirar la mar./ Vaporikos van i vienen,/ Letras para mi no ay./ Pasharikos chuchulean/ En los arvoles de flor./ Ay debasho se asentan/ Los ke sufren del amor.

En este ejemplo, el parentesco con los cantos populares españoles es claro. Dice el testimonio de la experta en tradiciones culturales sefardíes Daisy Alalouf:

> Kuando se trata de transmeter tradisiones folklorikas Sefaradis, se ve ke la influensa i el poder viene de las madres, en sus okupasion de mantener la vida i salud de miembros de sus famiya. La madre Sefaradi ambezava a las ijas las konsejas, los konsejos, las kantigas, komidas i kuras para ser novia komplida... Muestras mujeres lazdravan de dia en dia kriando kriaturas, lavando, dando fiero, gizando, alimpiando, kuziendo ets, i sus lavores se azian mas liviano en kantando las kantigas ermozas. Las kantigas ke sus nonas trusheron de Espanya, evokavan el dezeo de sus kazas ansestralas.[191]

191 Alalouf Newell, Daisy. *La saveduria de la mujer en la tradision sefaradi folklorika. Konsejas, konsejos, kantigas, komidas, kuras para ser novia komplida*. Consultado en: http://www.sephardicstudies.org/d1.html

Un número importante de familias sefardíes, de manera real en muchos casos y en otros como simple leyenda, conservan la llave de la casa que dejaron en España y la guardan como un tesoro, como una reliquia que simboliza la profunda unión con la patria perdida:

> He oído de muchas personas que conservaron las llaves de sus casas porque en algún momento tenían pensado regresar; era algo que anhelaban. Hoy en día, existen muchos "marranos" término en latín que se les dio a los judíos que al ser expulsados, decidieron adoptar la religión Católica para sobrevivir. Muchos de ellos llevaban una doble vida, seguían conservando sus tradiciones judaicas a escondidas y en el día a día aparentaban ser Católicos. Sin embargo, muchos de ellos a través de la historia se perdieron sin saber que sus antepasados eran judíos y hoy en día muchas familias católicas, tienen las llaves como una reliquia familiar, sin saber su real significado. Pero muchas de esas llaves han hecho que estas personas desconectadas del judaísmo, encuentren su pasado y regresen a él cuando investigan un poco sobre la historia de las llaves.[192]

Existen muchas historias, poemas y referencias a estas llaves. Un ejemplo de ello es esta canción de Flory Pagoda:

La Jave de Espanja

Onde esta la yave ke
estava in kashon?
Mis nonus la trusheron
kon grande dolor
De su kaza de Espanya,
de Espanya
Shuenyos de Espanya
Onde esta la yave ke estava
in kashon?
Mis nonus la trusheron
kon grande amor
Disheron a los fijos, esto es
il korason

192 Entrevista realizada en Bogotá en julio de 2009.

De muestra kaza de Espanya,
de Espanya
Shuenyos de Espanya
Onde esta la yave ke estava
in kashon?
Mis nonus la trusheron kon
grande amor
La dieron a los nyetos, a
meter a la kashon
Muestra yave de Espanya,
de Espanya
Shuenyos de Espanya.

Esta *kantiga* refleja la ambivalencia –tan hispánica– que perdura en el espíritu sefardí con relación a España. Por una parte, España es el gran amor, el gran sueño perdido del que no se quieren deshacer y, al mismo tiempo, el gran dolor producido por la expulsión. Pero la presencia de la llave tiene también otra connotación posible, que no se separa de la tradición judía con relación a la diáspora: la posibilidad del regreso. De manera similar al modo en que para la corriente central judía el retorno a la tierra de Canaán constituye la recuperación de la patria y parte de realización de su existencia como pueblo, junto con la reconstrucción final del Templo, la llave de los sefardíes muestra el deseo del regreso a una tierra que constituye para ellos su lugar en el mundo. Y este deseo, que en el pueblo judío no se pierde con las generaciones, por su particular manera de establecer símbolos y signos perdurables insertándolos en la tradición, hace que Sefarad se convierta en un segundo puerto de regreso, y señala un apego profundo al escenario en el que encontraron las condiciones apropiadas para vivir, no sólo como individuos, sino también como pueblo.

Otra de las cancioncillas sefardíes actuales más populares, es una *kantiga* llamada *Morenica*:

Morenika

Morenika a mi me yaman
Ye blanka nasi
El sol del enverano
Me izo a mi ansi
Dizilde a la morena

Si kere vinir,
La nave ya esta en vela
I ya va partir.
Morenika a mi me yaman
Los marineros
Si otra vez me yaman
Me vo kon eyos!

Morenika, emparentada con el Cantar de los Cantares, según los estudios que se han realizado, aparece en múltiples versiones en la literatura española. De hecho, hay versiones de *Morenica* en Lope de Vega y Tirso de Molina y su influencia se extiende hasta la España moderna, donde perduró la tradición de esta canción.[193]

La gran cantidad de '*reflanes*' y '*dichas*' que sobreviven hasta hoy en lengua judeo-española es otro de los rasgos notables de la pervivencia de la España de la expulsión. Todos los idiomas y culturas del mundo tienen un amplio refranero que expresa el saber popular y se ocupa de una mezcla de sentencias morales y normas de vida, a veces contradictorias, pero de un gran poder explicativo o sintético. Lo curioso, entonces, no es la existencia misma del refranero sefardí, sino el hecho de que tanto en Salónica como en Nueva York los descendientes de las personas que abandonaron España hace cinco siglos, y que viven rodeados de otros idiomas, encuentren todavía en el judeo-español el lugar adecuado para las expresiones del saber y la cultura popular.

Entre la comunidad sefardí de Colombia, la música y la literatura sefardíes están muy presentes. Una de las entrevistadas refiriéndose a sus padres dice:

> Ellos me cantaban en ladino:
> A la una yo nací
> A las dos me engrandecí.
> A las tres yo tuve un novio
> Y a las cuatro me case
> Eso es algo que a uno no se le olvida.

[193] Otra de las versiones de 'Morenica' dice: Yo me soy la morenica,/ Yo me soy la morena./ Lo moreno bien mirado/ Fue la culpa del pecado,/ Que en mi nunca fue hallado,/ Ni jamas se hallara./ Soy la sin espina rosa,/ Que Salomon canta y glosa,/ *Nigra sum sed formosa*,/ Y por mi se cantara./ Yo soy la mata inflamada/ Ardiendo sin ser quemada,/ Ni de aquel fuego tocada/ Que a los otros tocara.

La música, los refranes y los dichos, fueron mencionadas insistentemente por los entrevistados como prácticas identitarias:

> Cuando ella hablaba [se refiere a la abuela] yo seguramente no entendía mucho de lo que ella decía. Lo que me quedó por ejemplo, y que además aplico en mi vida de adulta es que mi abuela siempre decía 'no hay mal que por bien no venga'. Por eso yo cuando veo el mal que viene, automáticamente me froto las manos y digo '¿dónde está el bien?'. Esa enseñanza me quedó para el resto de mis días y además la he puesto en práctica de manera permanente. Aunque ella no tenía esa terminología, siempre tenía refranes muy puntuales, mi mamá se acuerda de algunos dichos y refranes y en ocasiones salen a relucir...[194]

Además de la literatura popular, existe hoy una gran variedad de escritos de índole religiosa, moral, filosófica, literaria y periodística. Cabe citar la obra monumental, de dieciocho tomos, el *Meam Loez*, una compilación de varios autores que se comenzó a publicar en 1730 con un objetivo básicamente didáctico y que contiene todo tipo de referencias teológicas, morales, místicas, filosóficas, históricas y legendarias. Pero el mayor auge de la literatura sefardí se presentó en el siglo XIX, en el imperio otomano, cuando comenzó a aparecer una gran cantidad de novelas, poesías y obras de teatro, así como periódicos y revistas en judeo-español.[195]

2.2. *Pan de Espanya*: la comida sefardí

> *A mí me gustan las almendras, las nueces, los dátiles, los sabores, hasta en eso uno se da cuenta que hay una cultura sefardí diferente, yo cuando voy a la sinagoga de la 94,*[196] *a los desayunos, la comida es diferente*[197]

---

[194] Entrevista realizada en Bogotá en julio de 2009.

[195] Pérez, Joseph. Ob. cit., p. 280.

[196] Se refiere a la sinagoga ashquenazi.

[197] Entrevista realizada en Bogotá en julio de 2009.

La preeminencia en el judaísmo de la costumbre sobre la ley fue lo que permitió la adopción por parte de los judíos de España de un carácter hispánico, que los diferenció y los diferencia aun hoy de los demás judíos.

Dice el Talmud:

> Cuando llegues a una aldea, sigue las costumbres del lugar, porque cuando Moisés fue al cielo se abstuvo de comer durante cuarenta días y cuarenta noches. Y cuando los ángeles bajaron a visitar a Abraham, participaron de su comida, cada uno sometiéndose a la costumbre del lugar.[198]

De ahí que se haya establecido (Sofrim 14:18) que si una costumbre (*minhag*) choca con alguna ley establecida (*halaja*), la costumbre frecuentemente tiene precedencia.[199]

Los judíos españoles que vivieron durante varios siglos en la península Ibérica se adaptaron e integraron profundamente a la vida hispánica, adoptando lengua y costumbres y adquiriendo un carácter claramente hispánico. De allí que sus líderes recalcaran insistentemente su 'cualidad exclusiva'.[200] Dentro de los hábitos cotidianos sefardíes la comida es un ejemplo fuertemente representativo de adopción de costumbres hispánicas y, posteriormente, mediterráneas: "En la vida cotidiana la comida Sefardí es más oriental se consumen berenjenas, aceitunas, pimentones cosas más picantes".[201]

Gloria Asher, de visita en España, dice: "La 'tortilla espanola' que me sirvieron no era 'huevos a la española', era la 'fritada' con papa y cebolla de mi madre".[202]

> Es difisil de kreer –dice otro sefardí–[203] que los 'boyos' (rolos dulses) ke se venden en las playas de Portugal oy son los mismos boyos ke mi mama

[198] El Talmud (Baba Metzía 86b). Citado por Kolatch, Alfred J. *El libro judío del por qué*. La Semana Publicaciones, Jerusalem, 1988, p. 11.

[199] Ibíd., pp. 11-12.

[200] Kaplan, Joseph. "Judíos nuevos en Ámsterdam…", cit. Gedisa, Barcelona, 1996, p. 16.

[201] Entrevista realizada en Bogotá en mayo de 2009.

[202] Asher, Gloria. Sephardic Songs, Proverbs, and Expressions: A Continuing Tradition, en *Shofar: An Interdisciplinary Journal of Jewish Studies,* 08828539, Summer 2001, vol. 19, issue 4, p. 4.

[203] Ver: Alalouf Newell, Daisy. Ob. cit.

ornava en los 1930's en New York. Imajinate! Esta recheta trusheron kon eyos de la Iberia asta el Emperio Ottomano! I de aya a los Estados Unidos, kontinuando a ornarlos en la misma manera por mas de 500 anios! Pan de Espanya es una torta muy delisioza ke se orna en Espanya oy i ke es ornada por munchas mujeres Sefaradias en Turkia, Gresia, Sud Amerika, Fransia o Israel...

Los 'Biskochos' o 'roskas' son komo las 'roskitas' de los paizes Ispanikos. Los kezos, el kezo de Espanya 'Manchego' es el mismo del 'Kashkaval' muestro. Kuando un diplomat vizito a Salonika en el empisijo d'el siglo vente, le sorprendio de sentir una sivda entera avlando un Espanyol arkaiko miles de kilometros de Espanya! Remarko ke mezmo las komidas eran las mismas komo en su kaza. Los 'fijones'(avas) ke gizamos eran gizados al orno komunal en Espanya, i tambien en el Emperio Otomano! La komida ke asemeja al 'Casoulet' Fransez, ez una kombinasion de fijones (avas), karne, uesos, en vezez gayina, servida kon aroz. Aroz kon 'judias' una komida muy Espanyola, solo ke el aroz muestro se aze kon salsa de tomat i birzelas. Esto es una komida espesial para 'Noche de Shaba'. No avia novia ke deshava kaza de su madre sin tener la recheta para 'Biskochos' i 'Fijones' Oy mismo en los paizes Ispanikos, avas se yaman 'Judias'. Esto da una impresion ke los Djudios desharon su nombre en la kuzina Espanyola.

La importancia de la comida en el mundo judío radica también en sus profundas implicaciones religiosas. Es bien sabido que en el judaísmo existen una serie de preceptos que regulan, entre otros aspectos, los hábitos alimenticios. Por esta razón, qué se come y qué no se come es un asunto fundamental para cualquier judío practicante. Los judíos españoles no sólo adoptaron la comida de la península, sino que cambiaron algunas prácticas religiosas que incluyen preceptos relacionados con la alimentación, como es el caso de los granos y leguminosas de los cuales tienen que abstenerse los judíos en *Pesah,*[204] según la tradición. Las comunidades sefardíes no aceptaron esta limitación y hasta el día de hoy consumen arroz y leguminosas como fríjol, alverjas y otros guisantes; a diferencia de los sefardíes, aún en la actualidad los ashkenazim no pueden consumir arroz.

[204] *Pesah* es la pascua judía, en la cual se celebra el éxodo de Egipto.

Las diferencias en materia ritual y culinaria son las que están en el centro del sentimiento identitario hoy entre los sefardíes colombianos que fueron entrevistados. Es muy notoria la referencia común a las celebraciones de la Pascua como práctica identitaria sefardí. Varios testimonios dan cuenta de esto:

"Durante la celebración de la Pascua, Pesaj, es el momento en el que se siente más la diferencia entre Sefardíes y Ashquenazíes en cuanto a las costumbres; existen algunos cánticos y costumbres alimenticias que son diferentes". Otro entrevistado añade: "los rezos entre otras cosas son diferentes, no en su contenido, en la pronunciación y entonces hay una diferencia abismal, es muy difícil que uno se acostumbre a determinadas cosas; por eso no nos hemos integrado".

Y otro dice lo siguiente: "Hay festividades judías en las que los Ashquenazim y Sefaradím difieren como en Pesaj [...] Básicamente, las costumbres son casi las mismas, pero difieren en el canto de las canciones (es decir que tienen la misma letra y significado pero la forma en que la cantan es diferente). Se encuentran diferencias en las costumbres gastronómicas como ya lo mencioné anteriormente".

2.3. Múltiples estratos de la identidad sefardí

A las variaciones históricas y geográficas de la identidad se les añade el hecho de que las identidades no constituyen una forma de ser pura y homogénea. De acuerdo con la investigadora Martha Herrera, "... identidad personal, nacional, grupal, étnica, sexual, cosmopolita, o cultural, se superponen de manera abigarrada en las sociedades modernas y contemporáneas, constituyen parte de las diversas experiencias vividas por los sujetos y las colectividades, y dan lugar a subjetividades complejas que hacen que hoy día sea cuestionada la idea de un sujeto único y racional, con la que se inició el período de la modernidad y a partir de la cual se trazaron modelos de identidad y de construcción de subjetividades homogéneas y eurocéntricas".[205] Las identidades son relativas y cambiantes. A la pregunta sobre si se sentía diferente de los Ashquenazim, uno de los entrevistados respondió:

> Eso es relativo, es la misma cosa que preguntar si un costeño, un colombiano antioqueño, se siente muy distinto de un colombiano bogotano, depende de las personas [...] depende [...] entonces lo que pasa es que las costumbres son completamente diferentes en cuanto a la literatura, la alimentación,

---

205 Herrera, Martha C. ob. cit., pp. 3-4.

> los idiomas. Los Ashquenazí hablan yidish que es una mezcla de alemán y hebreo y polaco y se escribe en caracteres hebreos. El ladino generalmente se escribe en caracteres latinos.

Encontramos entonces una identidad sefardí con respecto a los ashquenazi; una identidad judía con respecto a los cristianos; una identidad colombiana con respecto a los judíos nacidos en otros países, y así sucesivamente, se podría continuar relativizando la identidad de un individuo. De igual manera, se pueden buscar sustratos más particulares, teniendo en cuenta las diferencias entre los sefardíes, según su lugar de residencia o el recorrido familiar desde la expulsión, toda vez que, como se mencionó, las comunidades han ido adquiriendo costumbres de los lugares donde se han establecido a lo largo de los siglos. Dice una de las entrevistadas:

> Yo soy una mezcla de Sefaradí y Ashquenazi, así que no me siento diferente en nada. Me parece que ser partícipe de esta mezcla me permite rescatar las mejores cosas de cada uno y me encanta tener esa multiculturalidad. Pero todavía existen grupos sefaradíes como en Panamá o en México que no aceptan la mezcla entre asquenazíes y sefaradíes y hay unos tan cerrados, que forman sus comunidades dependiendo del país del que llegaron, por ejemplo Marruecos o Siria. Como dije anteriormente, los sefaradíes y asquenazíes son judíos por igual, con los mismos valores, leyes, normas, costumbres, simbología y tradiciones. Lo que los hace diferentes es la historia y las partes geográficas de las que provienen.

Las identidades cambiantes de los sefardíes: conclusión

Ocurre con frecuencia que en la tercera generación de inmigrantes se ha perdido casi la totalidad de la cultura de origen, con excepción de algunos rasgos distintivos. La necesidad de asimilación, la búsqueda de identidad y la frecuente necesidad de "no ser diferentes" para acceder a un trabajo o para insertarse en un círculo social particular, hace que los inmigrantes pierdan progresivamente su lengua y sus costumbres. En el caso de los judíos españoles no ocurrió de la misma manera. Dice Gloria Asher, una sefardí de nuestros tiempos: "El lazo con España es tan perdurable, tan profundo e intuitivo, que nosotros, mi familia, yo y otros sefardíes sentimos un lazo instantáneo con cualquiera que hable español, lengua que para nosotros es una forma de nuestro idioma".[206]

Existe algo que podría llamarse la 'hispanidad judía', refiriéndose con ello a la influencia que tuvo la presencia de la cultura judía sobre el conjunto de los reinos de España. No sobra recordar aquí que hasta el momento de la expulsión, al finalizar el siglo xv, España era apenas un nombre para designar a un conjunto de reinos colindantes pero no unidos, y que en ese entorno el pueblo judío cumplía con funciones importantes; además, su presencia no fue considerada indeseable durante varios siglos, y por el contrario hubo gran cercanía con la cultura hegemónica, tanto de los pueblos árabes, que permanecieron durante más de setecientos años como dueños de buena parte del territorio actualmente español, como de los reinos cristianos.

De manera similar a como puede hablarse de una hispanidad judía, también es posible hablar, e incluso con mayor fuerza, de un 'judaísmo hispánico' del que existe un numeroso conjunto de expresiones visibles. Algunos de estas expresiones notables son: el profundo apego al territorio español, expresado no

[206] Ascher, Gloria J. "Sephardic Songs, Proverbs, and Expressions…", cit., p. 4.

sólo en algunos signos que han sobrevivido más de cinco siglos –como el de la llave de la casa de España– sino también en la pervivencia del judeo-español como lengua materna en muchos de los puntos de llegada de la diáspora judía de España; igualmente, la continuidad de hábitos alimentarios y de costumbres propias de los judíos españoles que se diferencian con claridad de la comunidad judía de los ashkenazim.

Sin embargo, aunque la representación de lo sefardí está vinculada estrechamente con lo hispánico, encontramos que no hay una hispanidad 'pura', sino más bien un conjunto de influencias de diverso origen (español, turco, griego, entre otros) que los sefardíes han venido incorporando a sus prácticas cotidianas y que son las que en Colombia vienen configurando la identidad sefardí. Por otra parte, en el caso de los sefardíes en Colombia, aunque la lengua (el ladino o judeo -español) está presente en la memoria de todos los entrevistados, su importancia como factor diferenciador ha disminuido apreciablemente, en la medida en que toda la comunidad judía, los ashkenazim incluidos, habla español. No se puede afirmar lo mismo de los países que no son de habla hispana. Allí, por el contrario, el ladino o judeo-español es un elemento identitario importante.

De igual manera, así como las representaciones identitarias varían con el contexto cultural, también cambian históricamente. Ninguno de los entrevistados recordaba la historia sobre la llegada de los sefardíes a la península Ibérica como algo fundamental en su condición de sefardí, mientras que en los años de la expulsión, desde 1391 hasta 1492, este relato fue parte esencial de la configuración de la identidad judeo-española. Así mismo, la representación muy generalizada en el Ámsterdam de los siglos XVI y XVII, según la cual los sefardíes serían superiores en términos intelectuales, ha variado desde el siglo XVIII y ya no existe tal noción entre la comunidad sefardí contemporánea. Lo anterior es la expresión de la condición heterogénea, no esencialista, de la identidad.

No podemos hablar, por consiguiente, de una 'mentalidad' o 'identidad' judía o sefardí de carácter homogéneo. Hay identidades sefardíes diversas, que varían históricamente y en las que las relaciones "con el otro, con lo otro y con los otros" son fundamentales. Tal como lo afirma Miquel Rodrigo Alcina, "la identidad puede implicar pertenencias múltiples, lealtades diversas y fidelidades plurales".

Bibliografía

Ascher, Gloria J. *Sephardic Songs, Proverbs, and Expressions: A Continuing Tradition,* en *Shofar: An Interdisciplinary Journal of Jewish Studies,* 08828539, Summer 2001, Vol. 19, issue 4.

Asociación Israelita de Venezuela. *Los sefardíes el vínculo entre Curazao y Venezuela.* Eduardo Chumaceiro, Caracas, 2002.

Avni, Haim. *Judíos en América. Cinco siglos de historia.* Mapfre, Colección América, Crisol de Pueblos, Madrid, 1992.

Barriuso, Anun y Laureiro, José Manuel. *El norte de Sepharad.* Shavei, Israel, Jerusalem, 2005.

Beinhart, Haim. *Los judíos en España.* Mapfre, Madrid, 1992.

Biblia de Jerusalén. Desclee de Brouwer, Bilbao, 1975.

Benito Ruano, Eloy. *España. Reflexiones sobre el ser de España.* Real Academia de la Historia, Madrid, 1998.

Benito Ruano, Eloy. *Los orígenes del problema converso.* Edición corregida y aumentada. Real Academia de Historia, Madrid, 2001.

Blair Trujillo, Elsa. Memoria y narrativa: la puesta del dolor en la escena pública, en *Estudios políticos,* nº. 21, Medellín, junio-diciembre de 2002.

Cabrera, Martha. Exceso y defecto de la memoria: violencia política, terror, visibilidad e invisibilidad, en *Oasis,* nº. 11, Universidad Externado de Colombia, Bogotá, 2005/2006.

Cantera Montenegro, Enrique. La historiografía hispano-hebrea, en *Espacio, Tiempo y Forma,* Serie III, Historia Medieval, nº. 15, Universidad Complutense de Madrid, 2002.

Carrete, Carlos. *El judaísmo español y la Inquisición.* Mapfre, Colección Sefarad, Madrid, 1992.

Castro, Américo. *España en su historia: cristianos, moros y judíos.* Crítica, Barcelona, 1983.

Castro, Américo. *La realidad histórica de España*, 9ª ed. Porrúa, México, 1987.
Castro, Américo. *Los españoles. Cómo llegaron a serlo.* Taurus, Madrid, 1965.
Chartier, Roger. *La historia o la lectura del tiempo.* Gedisa, Barcelona, 2007.
Contreras, J., Pulido, I. y Benítez, R. *Judíos y moriscos.* Debolsillo, Random House Mondadori, Barcelona, 2005.
Croitoru, Itic. *De Sefarad al neosefardismo.* Editorial Kelly, Bogotá, 1967.
Da Silva Catela, Ludmila y Jelin, Elizabeth (comps.). *Los archivos de la represión: documentos, memoria y verdad.* Siglo XXI, Madrid, 2002.
De Castro, Adolfo. *Historia de los judíos en España.* Cádiz, 1847.
De Los Ríos, José Amador. *Estudios históricos, políticos y literarios sobre los judíos de España.* Madrid, 1948.
De Los Ríos, José Amador. *Historia social, política y religiosa de los judíos de España y Portugal. Cultura e historia.* Aguilar, Madrid, 1969.
Domínguez Ortiz, Antonio. *Los judeo conversos en España y América.* Mapre, Madrid, 1992.
Domínguez Ortiz, Antonio. *Los judeo conversos en la España moderna.* Ed. Istmo, Colección Fundamento, Madrid, 1971.
Escobar Quevedo, Ricardo. *Inquisición y judaizantes en América española siglos XVI y XVII.* Editorial Universidad del Rosario, Colección de Textos Escuela de Ciencias Humanas, Bogotá, 2008.
Emmanuel, Isaac y Emmanuel, Suzanne. *History of the Jews of the Netherlands Antilles*, vol. I, Cincinati, 1970.
Fawcet, Louise y Posada Carbó, Eduardo. *Árabes y judíos en el desarrollo del Caribe colombiano, 1850-1950,* en *Boletín Cultural y Bibliográfico,* vol. 35, nº. 49, 1998.
Feld, Claudia. *Del estrado a la pantalla: las imágenes del juicio a los ex comandantes en Argentina.* Siglo XXI, Madrid, 2002.
Fita, Francisco. *La España hebrea.* Madrid, 1889-1890, 2 vols.
García, María del Rosario. *Identidad y minorías musulmanas en Colombia.* Editorial Universidad del Rosario, Bogotá, 2007.
Gojman Goldberg, Alice. *Los conversos en la Nueva España.* Universidad Autónoma de México, México, Acatlan, s.f.
González, Isidro. *El retorno de los judíos.* Nerea, Madrid, 1991.
Gonzalo Maeso, David. *El legado del judaísmo español.* Trotta, Madrid, 2001.
Hernández García, José Ángel. Emigración judía en Colombia en los años 1930-1940: un caso particular: los judíos polacos, en *Pensamiento y Cultura,* vol. 10, noviembre de 2007.

Herrera, Martha Cecilia. Identidad nacional y sujetos sociales: Colombia 1900-1950. Ponencia presentada en el II Congreso Iberoamericano de Historia de la Educación Latinoamericana (Cihela), Ecuador, 2005.

Jacobs, Auke P. *Los movimientos migratorios entre Castilla e Hispanoamérica durante el reinado de Felipe III 1598-1621*. Ed. Rodopi, Ámsterdam, 1995.

Jelin, Elizabeth. *Los trabajos de la memoria*. Siglo XXI Editores, Madrid, 2002.

Kenig, Evelyne. *Historia de los judíos españoles hasta 1942*. Paidós, Madrid, 1995.

Kolatch, Alfred J. *El libro judío del porqué*. La Semana Publicaciones, Jerusalem, 1988.

Mechoulan, Henry. *Los judíos de España. Historia de una diáspora 1492-1992*. Trotta, Madrid, 1992

Menéndez Pelayo, Marcelino. *Historia de los heterodoxos españoles,* en *Obras completas*. Espasa, Barcelona, vol. II, 1947.

Menéndez Pidal, Ramón. España musulmana, en *Historia de España,* 2ª ed., 40 vols. Espasa-Calpe, Madrid, 1957.

Milhen, Marco. *Crónicas de la comunidad hebrea sefardí de Bogotá y aspectos de la vida comunitaria*. Arte Láser Publicidad, Bogotá, 2002.

Osorio Osorio, Alberto. Los judíos en la separación de Panamá de Colombia 1903, en *Revista Trimestral de la Asociación Israelita de Venezuela y del Centro de Estudios Sefardíes de Caracas,* julio-septiembre de 1998.

Pécaut, Daniel. Memoria imposible, historia imposible, olvido imposible, en *Memorias en conflicto. Aspectos de la violencia política contemporánea*. IEP-IFEA, Lima, 2004.

Pérez, Joseph. *Los judíos en España*. Marcial Pons de Historia, Madrid, 2005.

Poliakov, León. *Historia del antisemitismo de Mahoma a los marranos*. Muchnik Editores, España, 1988.

Reyes Mate y Forster, Ricardo. *El judaísmo en Iberoamérica*. Trotta, Madrid, 2007.

Ricoeur, Paul. *La memoria, la historia, el olvido*. Trotta, Madrid, 2003.

Rodríguez Marín, Francisco. El Quijote en América. Conferencias leídas en el Centro de Cultura Hispano-Americana, 10 y 17 de marzo de 1911, Madrid, 1911.

Sánchez Albornoz, Claudio. *España un enigma histórico*, tomo I. Editorial Sudamericana, Buenos Aires, 1956.

Sánchez Albornoz, Claudio. *Orígenes de la nación española, el reino de Asturias*. Biblioteca de la Historia, Madrid, 1985.

Shabot, Esther. *El judaísmo en Iberoamérica*. Trotta, Madrid, 2007

Shahak Weich, Susana. *Música y tradiciones sefardíes*. Centro de Cultura Tradicional, Diputación de Salamanca, 1992.

Sourdis Nájera, Adelaida. *El registro oculto. Los sefardíes del Caribe en la formación de la nación colombiana 1813-1886*. Academia Colombiana de Historia, Colección Germán Arciniegas, nº. 1, Bogotá, 2001.

Páginas web

Abad, Francisco. Notas I. Glosas sobre lo diacrónico. Menéndez Pidal y Américo Castro en el contexto de la historiografía, en *Epos: Revista de Filología*, ISSN 0213-201X, nº. 19, 2003, pp. 279-94. Consultado en: http://e-spacio.uned.es/fez/eserv.php?pid=bibliuned:Epos-8968AB29-310E-3590-1773-77B5F26013F6&dsID=PDF

Alalouf Newell, Daisy. La saveduria de la mujer en la tradision sefaradi folklórica konsejas, konsejos, kantigas, komidas, kuras para ser novia komplida. Consultado en: http://www.sephardicstudies.org/d1.html

Anjel R., José Guillermo. Yo avlo, meldo i eskrivo djudio (algunas anotaciones sobre el ladino). Consultado en: http://colombia.indymedia.org/news/2007/10/74094.php

Asenjo, Rosa. España y los sefardíes. El desastre del 98, en *El Avenir*. Consultado en http//: sefarad.resivstas.csic.es/index, p. 4.

Asensio, Eugenio. Américo Castro historiador: reflexiones sobre La realidad histórica de España, MLN, vol. 81, nº. 5, General Issue (Dec., 1966), pp. 595-637, The Johns Hopkins University Press. Consultado en: http://www.jstor.org/stable/2906354?seq=2

Bejarano, Margalit. Las identidades culturales y étnicas de los sefardim en América Latina. Consultado en: http://www.ort.edu.uy/sobreort/pdf/ponencia-bejarano.pdf.

Bilbiowiczh Azriel. Intermitencia, ambivalencia y discrepancia: historia de la presencia judía en Colombia. Documento en línea. Consultado en: http://alhim.revues.org/index535.html

De Colmenares, Diego. *Historia de la insigne ciudad de Segovia y compendio de las historias de Castilla*, Biblioteca Virtual Miguel de Cervantes, 2004, p. 38. Consultado en: http://site.ebrary.com

De Vidas, Albert. El sefardizmo. Consultado en: http://www.orbilat.com/Languages/Spanishladino/Society_and_Culture/El_Sefardizmo.html

Imilan, Walter Alejandro. Los sefardíes en América Latina y Turquía. Una comparación cultural supra regional. Documento electrónico. Consultado en http://sefard.tripod.com/comunidades_sefardies_americalatina_turquia.pdf

Lafaye, Jacques. La imagen del pasado en la España moderna. Consultado en: http://cvc.cervantes.es/obref/aih/pdf/06/aih_06_1_113.pdf30 de Domínguez Ortiz, Antonio. *Sociedad y Estado en el siglo XVIII.*

López Vela, Roberto. Judíos, fanatismo y decadencia. Amador de los Ríos y la Interpretación de la historia nacional en 1848, en *Manuscrits*, nº. 17, 1999. Consultado en: http://www.raco.cat/index.php/Manuscrits/article/viewFile/23361/23194

López Vela, Roberto. *La plebe y los judíos en la construcción de un mito histórico en la España del siglo XIX.* Consultado en: http://sefarad.revistas.csic.es/index.php/sefarad/article/viewArticle/510

Najenson, José Luis. Cultura, ideología y nación en America Latina, en *Revista Mexicana de Sociología*, vol. 43, nº. 2 (Apr. - Jun., 1981), pp. 727-55, Universidad Nacional Autónoma de México (UNAM). Consultado en: http://www.jstor.org/stable/3539924

Ortega Y Gasset, José. España invertebrada. Consultado el 29 de enero de 2009 en: http://agorafilosofica.es/attachments/File/txt-filosofos/OrtegaYGassetEspanaInvertebrada.pdf

Paniagua Paniagua, Juan Antonio. Extremadura en la obra etnohistórica de Julio Caro Baroja, en *Revista de Estudios Extremeños*, ISSN 0210-2854, vol. 58, nº. 3, 2002. Consultado en: http://dialnet.unirioja.es/servlet/busquedadoc?t=la+obra+de+julio+caro+baroja&db=1&m=0&td=todo&idi=0&fi=&ff=&n=50.

Pastor de Tognery, Reyna. Claudio Sánchez Albornoz y sus claves de la historia medieval de España, en *Revista de Historia Jerónimo Zurita*, ISSN 0214-0993, nº. 73, 1998, pp. 117-32. Consultado en: http://ifc.dpz.es/recursos/publicaciones/23/05/_ebook.pdf.

Pinedo, Javier. Ser otro, sin dejar de ser uno mismo: España, identidad y modernidad en la generación del 98, en *Revista Universum,* nº. 13, Universidad de Talca. Consultado en: http://universum.utalca.cl/contenido/index-98/pinedo.pdf

Ribagorda Esteban, Álvaro. La fractura de la historiografía española durante la postguerra franquista, en *Cuadernos de Historia Contemporánea,* nº. 23,

pp. 373-83, 2001. Consultado en: http://www.ucm.es/BUCM/revistas/ghi/0214400x/articulos/CHCO0101110373A.PDF
Rodrigo Alsina, Miquel. Identidad cultural y etnocentrismo: una mirada desde Catalunya, Universitat Autònoma de Barcelona. Consultado en: www.interculturalcommunication.org/ralsina.htm

Anexo 1
Número estimado de judíos sefardíes en América Latina

País	Judío general	Sefardíes
Argentina	187.000	37.400
Brasil	97.000	19.400
México	40.000	22.000
Chile	20.900	5.000
Uruguay	20.000	4.500
Venezuela	15.700	7.000
Panamá	5.000	4.000
Colombia	3.400	1.000
Perú	2.500	800
Costa Rica	2.500	750
Otros en Centroamérica	4.600	1.300
Otros en Suramérica	2.500	1.000

Total: 401.100 104.150

Fuente: tomado de Bejarano, Margalit. Las identidades culturales y étnicas de los sefardim en América Latina. Consultado en: http://www.ort.edu.uy/sobreort/pdf/ponenciabejarano.pdf.

Anexo 2
Mito de la fundación de España[207]

I. Después del general diluvio y perpetuo castigo de las gentes con la confusión de las lenguas en la torre de Babel, el patriarca Tubal, hijo quinto de Jafed, por mandado de su santo abuelo Noé, vino con las gentes de su lenguaje caldeo a poblar esta región occidental, que por serlo nombran los hebreos Sepharad; los caldeos, Spamia; los griegos, Hesperia, y los latinos Hispania, de donde hoy se nombra España; de cuya etimología los que más disputan, averiguan menos en tanta distancia de siglos y variedad de generaciones.

Dícese que fundó Tubal al lado meridional del río, nombrado hoy Tajo, sobre el gran océano occidental, un pueblo que nombró Setubal, nombre (al parecer) compuesto en honor del santo Seth, su décimo abuelo, hijo de Adán y progenitor de Cristo: y en memoria de su propio nombre, continuando hasta hoy contra la fuerza de los siglos. De allí atravesando la provincia entre norte y oriente, en la ribera del río que se llamó Hibero, hoy Ebro, hizo otras fundaciones, cuya memoria y nombres ha confundido el tiempo. Y enseñados los descendientes pobladores en la religión, temor de Dios y gobierno político, murió en paz, sin saberse hasta hoy dónde ni supo el caso en la Citia (donde reinaba) Oron Libio, su hijo tercero, nombrado en el Génesis Laabim, bisnieto de Noé y sobrino segundo de Tubal. Al cual sus valientes hazañas dieron renombre de Hércules, nombre egipcio y misterioso que después usurparon muchos valientes capitanes de diversas naciones. Pero este gran egipcio es el Hércules, celebrado en las memorias y grandezas de España, y fundador de nuestra Segovia, como presto veremos.

El cual sabiendo la muerte de su padre, llegó a Egipto: de donde, muerto su alevoso tío, dejando por virrey a Amasis, vino a España, y dando muerte a los tres hermanos, señoreó la provincia, reduciendo sus bárbaros habitadores a política urbanidad; y

207 De Colmenares, Diego. Ob. cit.

fundando muchas ciudades en sitios fuertes. Las principales fueron Cádiz, Sevilla, Toledo, Ávila y nuestra Segovia, cuyo sitio está casi en medio de España, en cuarenta y un grados y medio de elevación al norte, y trece de longitud al oriente, según el meridiano fijo de Tolomeo, aunque en éste hay mucha variedad. A la parte occidental de unas montañas, brazos de los Pirineos de Cantabria, que corriendo de norte a mediodía, fueron nombrados de los romanos montes Garpentanos, por dividir aquellos pueblos de los arevacos y de nuestros castellanos, hoy Sierras de la Fuenfría y Guadarrama, que dividen nuestra Castilla Vieja de la Nueva.

Por este tiempo Nabuconodosor (o Nabucad-Nezer), emperador de Babilonia, habiendo destruido a Jerusalén, asolado el templo de Salomón y cautivado a su rey Sedequías, puso cerco a la ciudad de Tiro, que apretada pidió socorro a los de Cádiz, descendientes suyos. Estos, con muchos españoles, partieron a socorrerla; con que el babilonio, despechado alzó el cerco y fue a Egipto, y de allí a África, de donde se dice vino a España a vengarse de la ayuda que había dado a Tiro. Tomó algunos puertos, y dejó en la provincia muchas gentes de las naciones de su ejército: caldeos, persas y **judíos.** *Su venida a España escriben autores de crédito: Josefo y Estrabón, por autoridad de Megástenes, y Plinio, por autoridad de Marco Varron, dice que vinieron persas, fenicios y africanos. Nuestros historiadores añaden que la ocasión fue vengarse de los gaditanos; o sería esto, o ansia de querer extender su imperio y nombre, común ambición de los reyes.*

Anexo 3
Reflanes[208]

- Sien anyos en kadena es mas mijor de una ora debasho de la tierra!
- Ken no se siente, no viene de buena djente
- La ija kon la madre es komo la unya kon la karne
- El Dio no aharva ken dos manes
- Parientes, sevoyas i ajos assembrados ralos
- Kandelika en la kaye, oskurina de kaza
- El que nace para maceta, no sale del corredor
- Kuando mas eskuro es la noche, mas presto se amanese'
- El amigo ke no ayuda y el kuçiyo que no korta, ke se piedran poco emporta.
- Kien kome i suda, no tiene kalyentura.
- El peşe esta en la mar i eyos ya fizieron bazar.
- Pujados ke no amenguados. (Muchos y no tristes).
- Munços me dieron i munços me daran, ¡guay! kuando de mi no ay. - (Muchos me dieron, muchos me daran "Ay de mi" cuando no de).
- El meoyo del ombre es una tela de sevoya. - (El cerebro del hombre es una tela de cebolla). Hace alusión a la debilidad humana.
- Kada uno konose las koles de su guerta.
- Fyero ke da al vidro, ¡guay del vidro! Vidro ke da al fyero, ¡guay del vidro!
- Pan ke ayga en el sesto, ke sea blanko, ke sea preto.
- Saba lo aharvaron, Alhad yoro - (El sábado lo golpearon, el domingo lloró).
- Hace alusión al respeto, irónicamente, que los judíos tienen por el Sábado.
- Kaveza abokada no le akoza filo de espada.
- El ke munço se aboka, el kulo amostra.

---

208 Tomados de Asher, ob. cit. y Alalouf, ob. cit.

- El ke se eça kon kriyaturas se alevanta pişado. - Hace alusión a evitar involucrarse en negocios o planes con jóvenes.
- El ke se eça kon gatos se alevanta areskunyado. (Quien se acuesta con gatos, arañado se levanta)
- La ida esta en mi mano, la vinida no se kuando.
- No digas mal del dia fista ke escurese.
- Kien del rey se kome la gayina flaka, godra la paga.
- Kien de ajenos vestira, en medyo de la kaye le kitaran.
- El Mosafir no kome, ma la mesa se kompone.
- La tizna dize a la kaldera, ¡vate! ¡vate!, ke sos preta.
- El dia ke no barri, vino kien no asperi.
- Amigos i hermanos semos, a la bolsa no tokemos.
- Lo ke fazes kon tu mano, no lo faze ni tu ermano.
- Kada kualo kere yevar el agua a su muelino, i deşar en seko el del vizino.
- El ke se kema kon la çorba, asopla en el yoğurt. (Quien se quema con la sopa, sopla en el yogurt).
- Gayegos semos i no mos entendemos. (Gallegos somos y no nos entendemos).
- Nadie save del mal de la oya, mas ke la kuçara ke la menea.
- Aremyenda tus panyos, los yevaras sien anyos.
- Lo ke tienes de fazer el Martes, fazelo el dia de antes.
- No digas ¡höşt! al perro, ke te modre.
- Kada gargajo a su paladar es savrozo.
- Lo ke no pari, ke no kreşka.
- De boka en boka la pulga se fizo gamelyo.
- Bueno, barato i kon las paras en la mano. - Paras - dinero.
- Kulevra ke no modre, ke biva mil anyos.
- Biva el devdor ke la devda esta en pyes.
- Komo Turko ke se eço a bever.
- Al sultan, un yeşil yaprak. Yeşil - verde, Yaprak - hoja. Hace alusion a la insignificancia de ciertos regalos.
- Por la kaveza fyede el peşe.
- Basta ke es mi nombre Abravanel, alevanto la colça y me eço sin komer.
- Kien no tenga meoyo, kale ke tenga paças. Paças - Patas.
- El rey se eço kon mi madre, ¿a kien reklamo?.
- Abolta, abolta, komo rueda de muelino.
- Mar i guerta, ke no ay buelta.

- Toma haber, sube un eskalon, toma mujer abaşa un eskalon. Hace alusión a que se busque un socio de mejor nivel social y una mujer de clase inferior.
- ¿Para kien es esta paparrona? Para mi senyora suegra. ¿Para kien es esta paparrica? Para mi nuera. - Paparrona - aumentativo de patata. Paparrica - diminutivo de patata. Hace alusión al trato inequitativo entre suegras y nueras.
- Kien no esta ambezado a yevar bragas, la kostura le faze yaras. - Bragas - Pantalón, Yaras - llagas.
- Kien ve al guerko, le keda el cesto. - Guerko - Diablo, Cesto - gesto.
- ¿Para ke keres las paras? ¿Para la vejez o la mensevez? - Paras - dinero, Mensevez - juventud.
- Lo ke no se faze el dia de la boda, no se faze a ninguna ora.
- Kon kasa yena, presto se giza la sena.
- Vos te fraguas kastiyos en Espanya. - Hace referencia a hacerse de falsas ilusiones.
- ¡Guay! de la barka ke tiene munços kapitanes.
- Asegun la barka, biene la fortuna. - Fortuna (del turco firtın - tormenta).
- Munços i buenos anyos i de novia ke te veyamos. - Fórmula de agradecimiento que se da a las jóvenes casamenteras.
- Yo se un salmo, el Hazan save dos. - Hazán - Cantor de la sinagoga.
- Entre toma el gayo y daka el gayo kedan plumas en la mano.
- En lo escuro todo es uno.
- Saporta al ke nada le emporta.
- Besa la mano ke keres ver kortada.
- El Dio da barva onde no ay keşada.

Made in the USA
Monee, IL
12 November 2026

68341121R00067